> 호주 여행

우리 가족은
학원 대신
울루루 간다

Special thanks to 강규엽

# 우리 가족은 학원 대신 울루루 간다

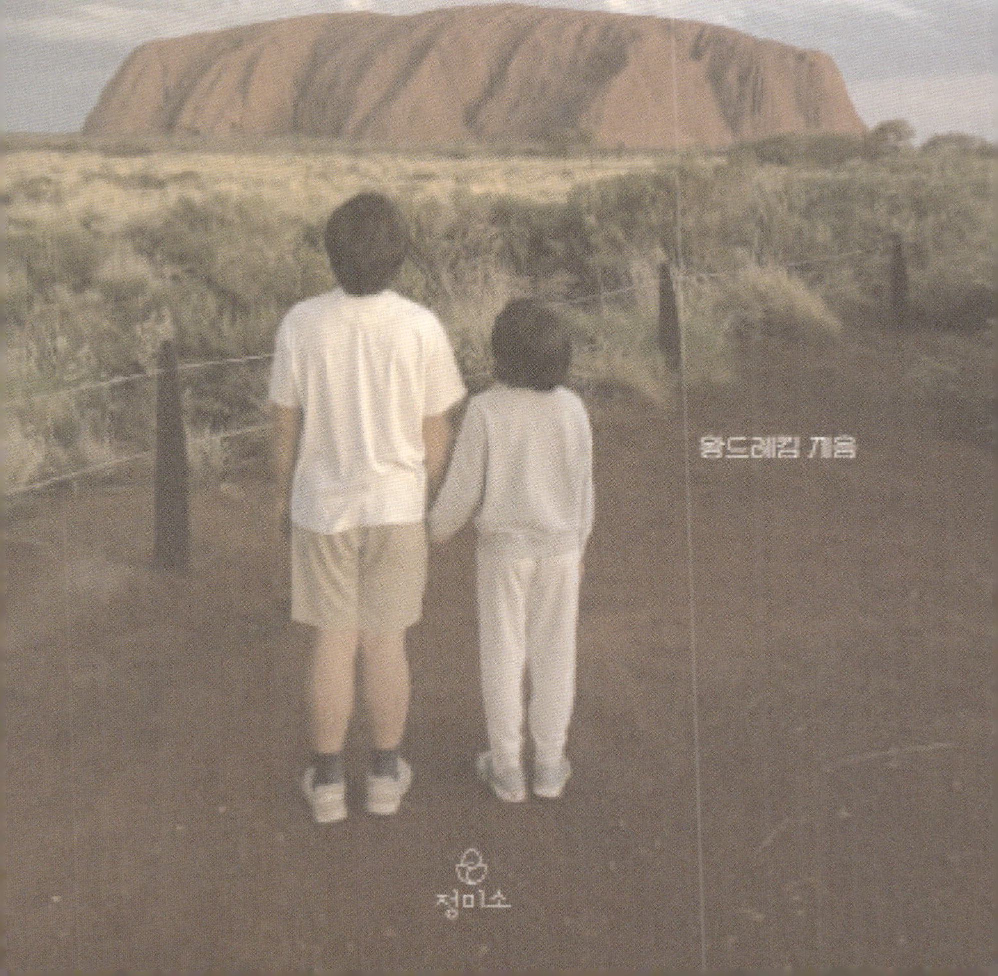

왕드레킴 지음

정미소

두 아들과 함께 '세상의 배꼽' 울루루를 찾아 떠나는 여행

# 프롤로그
그래, 이제 다시 여행을 떠나자!

"선생님~ 11월 둘째 주 학교에 특별한 일정이 있나요? 일주일 정도 지환이 체험학습을 좀 쓰고 싶은데요."

"아, 네~ 어머님 무슨 일 있으세요…?"

"저, 다름이 아니고 해외여행을 좀 다녀오려고요…."

**《우리 가족은 학원 대신 여행 간다》책을 내더니 이제 학교 수업도 빼먹고 여행 간다고?** 중고등학생 자녀와 함께하는 장거리 여행이 쉽지 않다고 말하는 사람들이 대부분이다. 사춘기에 접어든, 예민하다면 1등 가는 10대 중반에 걸친 아이와 여행한다는 건 그야말로 모험이 될 수도 있기 때문이다. 이 시기는 신경이 더욱 날카롭다. 괜히 입을 삐죽거리거나 이유 없는 불만이 많아지기도 하고, 대화는 점점 불통으로 치닫는다. 가족보다 나를 잘 이해해 주는 친구들을 찾는 시기이기도 하다. 게다가 본격적으로(?) 국영수 위주의 학업에 집중해야 하므로 심사가 불안하고 불편할 수밖에 없다.

그런데 방학도 아닌 학기 중에, 학교 수업까지 빼먹고 일주일 넘게 여행을 간다고 하니, 저 가족이 여행에 환장했다며 사람들 입방아에 오르기 딱 좋다. 아니나 다를까 주변에서는 학원 대신 여행을 다니는 우리 아이들이 어떤 진로를 택하고, 또 어느 대학에 진학할지, 또 어떤 인생을 살아갈지 꽤 궁금해한다. 물론 기대는 약간, 걱정이 한가득 담겨 있는 궁금증일 테다.

반면 애초부터 주입식 교육이 재미없다고 생각한 우리 부부는 여전히 넓은 세상을 아이들과 함께 바라보고 느끼길 원하며, 하루가 멀다고 새로운 여행을 계획하고 있다. 가끔 이웃들 걱정에 잠시 고민에 빠지기도 하지만, 우직한 남편의 교육관이 이내 정신줄을 부여잡는다. 사람들의 관심이나 교육의 유행 등에 별로 좌지우지되지 않는 남편만의 세상이 그저 부러운 순간이다.

다행히 지환이 학교 담임선생님도 기꺼이 이해해 주는 분이었다. 학교 공부도 중요하지만, 넓은 곳에 가서 새로운 경험을 할 수 있다면 게다가 가족과 함께라면 마다할 이유가 없다며 적극 공감하고 응원을 보냈다. 오히려 학교생활이 즐거운 아이가 학교 수업을 빼먹고 여행하는 것에 걱정을 드러냈다. 학생회 활동을 하는 터라 친구들에게 미안해하기도 했다. 하지만 **학교에서 배운 건 나중에 보충할 수 있지만 학교 밖에서 배우는 건 그냥 앉아서는 배울 수 없다**는 아빠의 말에 힘이 실린다. **내가 없어도 학생회가 잘 돌아갈 거라는 생각, 그렇게 친구들을 믿어준다는 의미**에 대한 설명도 더해졌다. 여행 경험이 꽤 많이 쌓인 지환이는 금세 고개를 끄덕인다.

그래, 이제 다시 여행을 떠나자!

# 목차

**프롤로그** 그래, 이제 다시 여행을 떠나자!     5

**이번엔 왜** 호주로 가나요?     12
**계획하기**     15
**비자가 안 나왔다고요?**     17
**화력발전소에서 관광도시로**     20
**멸종 위기 동물이 대우받는 나라**     30
**과거와 현재를 이어주는 퍼핑 빌리의 힘**     37
**세상에서 가장 작은 펭귄들의 퇴근길**     42
**멜버른에서 울루루 가는 길**     49

| | |
|---|---|
| 울루루 도착하기 15분 전입니다 | 54 |
| Palya! 환영합니다! | 58 |
| 우당탕탕 첫 번째 울루루의 일몰 | 64 |
| 울루루의 별 헤는 밤 | 69 |
| 울루루의 일출 | 76 |
| 카타추타의 바람 | 81 |
| 원주민들은 예술인 | 90 |
| 완벽했던 울루루의 일몰 | 98 |
| 울루루 반 바퀴 트레킹 | 108 |
| 울루루 등반은 이제 그만 | 115 |
| 여유 부리다 큰코다친 사연 | 121 |

| | |
|---|---|
| 시드니의 랜드마크 | 128 |
| 이민자들의 세상 시드니 | 135 |
| 호주 이민이야기 | 138 |
| 롱블랙과 플랫 화이트 | 143 |
| 최저 시급을 알면 그 나라의 물가가 보인다 | 151 |
| 운전대가 반대라고요? | 155 |
| 다음 여행 땐 무엇을 빼고 넣을까? | 162 |
| 여행은 또 다른 여행을 부른다 | 169 |
| | |
| **에필로그** 우리 가족은 학원 대신 여행간다 | 172 |

# AUSTRALIA

## 이번엔 왜 호주로 가나요?

누구나 한 번쯤은 가보고 싶은 나라, 그리고 꿈꾸는 여행지가 있듯이 우리 가족도 각자의 로망에 둔 여행지는 존재한다. 세계사와 고고학에 관심이 많은 중학생 지환이는 그리스와 이집트 여행을 꿈꾼다. 그리스와 이집트 두 나라가 비교적 가까운 거리에 있다고는 해도, 한 번에 돌아보기는 현실적으로 어렵다. 여행의 적기가 다르기 때문이다. 지중해 기후의 그리스는 4~6월이 적기라면 이집트는 11월~2월쯤 가야 사막 불볕더위를 피할 수 있다. 게다가 회사 생활을 하는 아빠의 휴가 기간이 길지 않은 것도 안타깝다.

몇 해 전 방문한 독일과 아이슬란드 여행이 무척이나 즐거웠던 초등학생 려환이는 나라를 콕 집어 말하기보다는 어디든 시원한 곳이 좋다고 한다. 여행에 날씨는 매우 중요한 요소니까, 려환이 의견도 백번 옳다. 평소에 열이 많은 아이인 데다 성격도 열정적이라 더운 곳에 가면 힘들어하는 려환이에게 아이슬란드는 그야말로 완벽한 조건이다. 아이슬란드 8월 평균 기온이 10~15도에 불과하지 않은가. 독일 등 유럽의 여름은 습한 우리나라와 달리 습하지 않은 청량

함이 더해진 뜨거움이다. 당장 호수에 뛰어들 수 있을 정도로 쨍하고 뜨거운 태양이지만, 나무 그늘 아래로 가면 카디건이 필요할 정도로 서늘하다. 습하지 않은 유럽의 여름이 가진 매력에 빠진 려환이는 독일로 다시 한번 가고 싶어 했다.

우리는 주절주절 목적지에 대한 의견을 냈지만, 의견은 그냥 의견일 뿐, 우리 집 '구라미 여행사' 사장님인 남편은 이미 마음속 여행지를 결정한 듯했다. 항상 그렇듯 여행의 목적지를 결정하는 건 아빠의 몫이다. 우리나라에서 보기 어려운 자연경관을 찾아 떠나는 걸 좋아하는 신랑은 오래전부터 '울루루'를 꿈꿨다.

"얘들아~~~ 호주 하면 떠오르는 것들이 뭐가 있을까?"
"호주가 세계에서 몇 번째로 큰 나라인지 아는 사람?"
"호주에 사는 아주머니를 뭐라고 하는지 알아?"

어느 날 저녁 밥상머리에서 아빠는 유치한 퀴즈를 낸다. 이렇게 아빠는 밑밥을 깔기 시작했다. 그리고 곧 우리는 그렇게 아빠의 가이드에 따라 다시 여행을 준비하기 시작했다. 세계 최대 규모의 산호초 그레이트 배리어 리프, 다윈의 흰개미 집, 명불허전 호주의 랜드마크인 시드니 오페라 하우스, 세상의 중심이자 배꼽이라고 불리는 울루루, 호주에서만 볼 수 있는 캥거루와 코알라, 태즈메이니아섬의 멸종 위기 동물 태즈메이니아데블, 그리고 세계적인 수영 선수들을 배출한 수영 강국. 이 밖에도 눈과 귀를 솔깃하게 할 수많은 것들을 직접 만날 수 있는 나라가 바로 호주라는 것을 서서히 알게 되었다.

세계에서 여섯 번째로 큰 나라라는 수식어는 여행을 준비하면서부터 더욱 피부로 느낄 수 있었고 출국부터 귀국까지 단 열흘밖에 없는 우리는 어떻게 하면 이 큰 나라를 알차게 여행할 수 있을지 고민에 빠졌다.

참, 그런데 왜 호주 여행을 꼭 학기 중에 떠나야 하는가?

호주는 우리나라와 반대다. 시차는 거의 없지만, 우리가 여름이면 호주는 겨울이다. 물론 호주가 넓다 보니 같은 계절이라도 다양한 기후가 나타난다. 일단 시드니는 여름(한국의 겨울)이 좋다. 그렇다 보니 겨울방학 기간은 항공료가 비싸진다. 게다가 울루루가 있는 노던 테리토리 주는 12월~2월 더위가 어마어마하다. 낮 기온이 45도까지 오른다는데, 파리까지 득실거린다고 한다. 결국, 시드니와 울루루를 한 번에 둘러보려면, 한여름이 오기 직전인 10월~11월이 정답이 될 수 있다. 계획한 여행의 적기에 항공료도 비교적 저렴하다면 망설일 필요가 없다. 장거리 여행에서 지인 찬스는 큰 도움이 된다. 11월 여행 계획을 확정하고, 20년 전 시드니로 이민을 간 막내 고모에게 연락하고, 뉴캐슬에 살고 있는 지인에게도 연락했다. 울루루, 그 미스터리한 세계의 중심으로 아이들과 함께 떠난다.

**여행! 미루지 말고 하고 싶을 때, 할 수 있을 때 마음껏 하자.**

# 계획하기

아빠가 제안한 이번 여행은 시드니로 입국해 뉴캐슬과 멜버른, 울루루를 둘러보고 다시 시드니를 통해 출국하는 여정이다.

시간만 넉넉하다면 넓은 호주 전체를 일주하며 천천히 돌아볼 수 있어 더없이 좋을 텐데, 현실적 여건을 외면할 수 없다. 한정적인 시간을 쪼개고 쪼개, 한 시간을 하루처럼 알차게 보내야 한다.

게다가 넓디넓은 지구 곳곳에 아직 가보지 못한 곳이 많다고 생각하면, 호주 여행은 어쩌면 다시 없을 수도 있다. 그러니 열흘이라는 소중한 시간을 짜임새 있게 준비하고, 가는 곳들에 대해 정보를 얻고 미리 공부해야 옳다. '호주 관광청' 홈페이지는 관리가 참 잘 되어있어 호주 여행의 정보를 얻거나 동선을 짜는 데 많은 도움이 되었다. 개인 여행 블로그나 여행 정보 사이트에도 여행의 팁이나 정보가 가득하지만 호주 관광청 홈페이지는 도시별로 정리가 깔끔하고, 각 도시 중요 공원이나 시설 링크가 알차다. 안전하고 정확한 여행 계획이 가능하다.

게다가 애초 여행 동선에 포함되지 않은 다른 도시들과 '액티비티'에 대해서도 예상하지 못한 정보를 얻을 수 있는데, 모든 곳을 다 갈 수 없는 우리에게 멋진 간접 체험 효과를 제공했다. 아이들과 함께 대화할 소재가 더 생긴 것도 반갑다. 특히, 그레이트 배리어 리프! 이번 여행에서는 일정상 빠져야 했지만, 우리 가족에게 호주가 다시 있다면 꼭 찾아가기로 입을 모았다.

여행 전 《인문학을 걷다, 호주 울루루》(김영순)와 《Go Go 카카오프렌즈 13_호주》를 아이들과 함께 읽었다. 나라가 큰 만큼 교통수단은 국내선과 렌터카, 기차 등 다양한 교통수단을 이용하기로 했다. 각각 교통수단은 장단점이 있다. 한국의 7배의 면적을 가진 호주에서도 시차가 존재하니 얼마나 큰 나라인지 가늠이 된다. 짧은 기간 여행을 해야 하는 사람들에게 국내선 항공편 이용은 어쩌면 당연한 선택이다.

우리 가족은 '뉴캐슬-멜버른' 구간과 '멜버른-울루루', '울루루-시드니' 이렇게 세 번의 국내선 항공편을 이용했고, 시드니-뉴캐슬 구간은 기차(우리나라 새마을호 기차 속도/현지인 출퇴근 교통수단)를, 멜버른과 울루루에서는 각각 렌터카를 이용해 여행했다. 호주의 차량 운전석은 우리나라와 반대이다. 자칫 어렵고 위험할 수 있다 싶지만, 운전과 동시에 곧 적응이 된다. 물론, 조수석에 앉은 사람도 함께 운전하는 느낌이라 살짝 피곤할 수는 있다.

## 비자가 안 나왔다고요?

　나름 꼼꼼하게 준비하고 계획했다고 자부하며 여행을 시작했는데, 첫 번째 난관이 인천공항에서부터 시작되었다. 호주는 입국 시 비자가 필요한데, 1인 $20(호주 달러)의 비용을 내면 스마트폰 앱을 통해 간편하게 신청해 발급받을 수 있다. 하지만 오히려 간편한 신청과 발급이 문제였다. 복잡하고 어려운 과정이라면 사전에 단단히 준비하고 챙겼을 텐데, 우리 가족은 언제든 쉽게 할 수 있다는 생각에 비자 준비에 신경을 쓰지 않았다. 비자 신청을 미처 하지 못했다는 사실을 인지한 건, 무려 출국 하루 전날이었다.

　환전과 숙소 예약건, 렌터카 정보 등 출국 전 마지막 점검과 함께 여권을 챙기던 중 퍼뜩 비자가 떠올랐다. 급하게 호주 관광청에 들어가 보니, 적어도 출국 3일 전까지 신청을 완료해야 한다는 공지가 올라와 있다. 눈앞이 캄캄해졌다. 하지만 이럴 때일수록 차분해야지. 보통 이런 비자 업무가 깐깐해 보여도 다 방법이 있다는, 누구도 말해주지 않는 긍정적인 생각으로 신청했다. 다행히 온라인으로 진행한 호주 비자 신청은 급하게 했음에도 승인이 떨어졌다. 아니 그렇다고 생각했었다.

출국 당일 아침 인천공항에서 수화물을 부치기 위해 카운터로 갔는데 항공사 직원이 비자 발급이 안 되어있어 발권이 안 된다는 거다.
"서, 설마요. 분명히 승인이 났다고 떴는데요?"
"엄마, 우리 호주 못 가는 거야?"

눈앞이 캄캄하다. 등골이 오싹오싹 조여오는 느낌이다. 아니다. 그럴 리 없다. 그러면 안 되지…. 가야지…. 항공사 승무원의 고요하고 비정한 표정 속에 전산을 확인하는 자판 소리가 폭풍우 속 천둥처럼 크게 들려왔다.

"고객님, 오늘이 토요일이라 전산이 넘어오지 않은 것 같아요. 미리 신청하지 않으셨나 봐요. 어떡하죠?"
"아, 네, 네, 그렇긴 한데…."
또다시 정적이 흐르고, 추가 확인 시작.
1초가 1분, 1분은 10분처럼 느껴진다. 여행 좀 해봤다고 자부했는데, 망신도 망신이지만 아이들에게 정말 미안해지는 순간이다. 아이들은 울기 직전이다.

"다행히 발급된 거 확인했고요. 발권해 드릴게요. 운이 좋으셨어요. 다음에는 미리미리 준비하셔야 합니다."

"감사합니다. 감사합니다."

휴~ 다행이다. 여행은 임기응변의 연속이다. 아무리 꼼꼼히 계획을 세워도 예상하지 못한 일이 부지기수로 발생한다. 저 수많은 변수를 미리미리 모두 대비한다는 건 사실 불가능하다. 하지만 그렇다고 미리 준비해야 하는 일을 미뤄서는 안 된다. 특히 항공편과 관련한 일은 무엇보다 분명히 처리해야 한다. 일단 출발은 해야 이후 임기응변이라도 할 수 있으니 말이다. '여행의 신'이 그간 우리 가족의 노력이 가상해 행운의 기운을 선물했다. 깊은 안도의 한숨과 함께, 또 다른 행운을 찾아 비행기에 올랐다.

# 화력발전소에서 관광도시로
## 뉴캐슬

 손흥민이 뛰고 있는 영국 프로축구 리그 '프리미어리그'에 '뉴캐슬 유나이티드'라는 팀이 있다. 일반적으로 축구팀은 각 지역의 명칭을 따서 만드는데, 뉴캐슬은 영국 중부 타인 강에 걸쳐있는 도시 뉴캐슬어폰타인을 대표하는 팀으로, 축구팀도 도시 이름도 보통 줄여서 뉴캐슬이라고 부른다.
 우리 가족의 호주 첫 여행지도 뉴캐슬이다. 역사적으로 영국과 인연이 깊은 나라인 까닭에, 호주에는 유난히 영국에서 그대로 가져온 도시와 거리 이름이 많다. 호주 뉴캐슬은 호주 최대의 석탄공업 도시이자 해양도시로 호주의 대표적인 공업 도시, 광공업이 흥했던 영국 뉴캐슬이 정신적 모체라고 한다. 그렇다고 회색빛 공장만 떠올리면 안 된다. 헌터 강어귀 태평양에 면해있는데, 와인으로 유명한 헌터밸리도 뉴캐슬 지척에 자리 잡고 있다. 아무리 그래도 호주 첫 여행지로 뉴캐슬을 선택하는 건 일반적이지 않다. 사실 우리 가족이 뉴캐슬을 먼저 찾아간 건 려환이의 친구들인 쌍둥이 진이, 율이를 만나기 위해서다.

호주에서 태어난 진이와 율이는 강릉이 고향인 엄마를 따라 1년 전 한국을 방문했고, 강릉에서 초등학교 생활을 반년 정도 할 수 있는 기회가 생겼다. 그렇게 들어온 학교가 려환이가 다니는 '작은 학교' 운양초등학교였다. 한 학년 한 반인 이 작은 학교에 단기 전학을 온 한국어가 서툰 쌍둥이 호주 친구들은 금세 아이들의 주목을 받았다. 곧 다시 호주로 돌아갈 운명이라고 해도, 아이들이 서로 친해지기까지 오랜 시간은 필요치 않았다. 진이와 율이가 한국어가 서툴다고 해도, 서로 어울리는 데 큰 걸림돌은 되지 못했다.

작은 학교 운양초등학교의 특징 중 하나인 '반 모임'이 열렸다. 한 달에 한 번 담임 교사와 학부모들이 저녁에 모여 한 달 동안 있었던 아이들을 중심으로 한 다양한 이야기를 나누는 자리인데, 이 모임에 진이와 율이 엄마도 참석했다. 우연인지 필연인지 두 번째 반 모임이 끝날 무렵 쌍둥이 엄마가 남편에게 다가오더니 인사를 한다.

"선배님?!?! 강규엽 선배 아니세요? 저, 과학고 3기 최\*\*예요."

"어??? 앗? 아니 여기 어떻게…. 호주에 공부하러 갔다는 얘기는 들었는데…."

이야기를 들어보니, 호주에서 공부를 마친 그녀는 현지 대학에서 일을 하며 지금의 남편을 만나 가정을 꾸리게 되었고, 이번에 안식년 휴가를 받아 한국을 찾았다고 한다.

호주도 자연주의 교육을 중시하는 환경이라 자연스레 아이들을 데리고 바다와 산이 있는 고향 강릉을 찾았고 집에서 가까운 운양초로 단기 전학을 올 수 있었다고 한다. 6개월에 불과한 짧은 시간이었지만 덕분에 간간이 호주의 육아와 교육에 대해서도 들어볼 수 있는 흥미진진한 시간이 이어졌다. 호주로 돌아가는 진이와 율이에게는 머지않아 호주를 방문하게 되면 꼭 연락하겠노라고 약속했다.

    그렇게 마음에 담아놓은 진이와 율이 가족을 만나기 위해 시드니 중앙역에서 열차를 탔다. 급행이 아닌 우리나라 '무궁화호'와 같은 완행열차라, 승용차로 두 시간이면 갈 수 있는 거리가 3시간 30분이 넘게 걸렸다. 이 기차는 여행객뿐 아니라 시드니에서 뉴캐슬 등 변두리로 통근하는 사람들이 많이 이용한다고 한다. 빨리 가서 친구들도 만나고 즐겁게 놀고 싶은 마음도 있었지만, 느릿한 속도로 마을마다 정차하며 사람들이 오르락내리락하는 풍경을 지켜보는 것도 나름의 재미가 있다. 아이들은 챙겨온 스케치북에 그림을 그리고 남편과 난 사진을 정리하고 앞으로 호주에서 보내게 될 일정을 확인하다 보니 지루함을 느낄 새도 없이 어느덧 뉴캐슬 역에 도착할 수 있었다.

11월 호주는 초여름이다. 여름과 잠시 작별한 지 두 달 만에 다시 얇은 옷들과 반바지 등을 챙겼지만, 생각보다 공기가 차갑고 바람이 불어 계속 긴소매 옷을 입어야 했다. 계절이 반대인 나라를 여행할 때는 옷차림에 좀 더 신경을 써야 하는데, 호주 가족들을 만나 바닷가에서 서핑하며 놀기로 해서 걱정이 좀 된다. 그나마 호주 현지인들의 여름을 맞이하는 시원한 패션을 보니, 아주 조금은 위안 비슷한 감정을 느낄 수 있었다.

오랜만에 만난 아이들, 반갑고 좋은데 참 어색하다. 언어의 장벽이 느껴진다. 함께 있지만 진이와 율이는 영어로 얘기하고 려환이와 지환이는 한국어를 쓴다. 그런데 대화가 된다는 게 참 신기하다. 그 언어의 장벽을 넘어선 아이들의 세상에는 무언가 특별한 텔레파시 비슷한 능력이 통하나 보다.

우리가 함께 지낼 숙소는 뉴캐슬 북쪽 유명 관광지 포트 스테픈스 인근 넬슨베이 '인게니아 홀리데이 원 마일 비치'다. 넬슨베이에 있는 수많은 숙소 가운데 비교적 저렴하고 위치도 괜찮아 선택했는데, 웬걸, 상상 이상으로 좋다. 숙소를 예약할 때면 숙소 사진이나 먼저 이용한 여행객 후기가 숙소 결정에 많은 역할을 한다. 하지만 말 그대로 후기는 지극히 개인적인 의견이라, 종종 실제 예약한 숙소에 도착하고는 실망할 때도 적지 않다. 그런 면에서 이번 숙소 선택은 정말 훌륭했다. 자연 친화적인 숙소 형태인 방갈로, 캠핑족을 위한 오토캠핑장 등을 두루 갖추고 있다. 주변 숙소에 비해 저렴한 편이라 시설이 낡거나 내부가 좁을 거로 예상했는데 넓은 리조트와 부대시설이 마음에 쏙 든다. 특히, 말하는 앵무새와 수영장, 트램펄린 등 아이를 동반한 가족 여행에 안성맞춤 숙소가 분명했다.
 그런데 호주 숙소에서 특이한 점을 발견했다. 일반적으로 여행 중 숙소에서 무료로 물을 제공받는데, 호주에서는 우유가 물을 대신하고 있었다. 많은 호주 사람이 커피에 우유를 넣어 마시다 보니 우유를 제공한다고 한다. 우리가 알고 있는 라테와 비슷한 '플랫 화이트(flat white)'를 사랑하는 호주 사람들은 이른바 '커피부심'이 상당했다. 아니 우유 사랑이라고 해야 할까. 아무튼 이후 호주 어느 숙소에서든 멸균우유를 받아볼 수 있었다.

이튿날 우리는 사구(모래 언덕)에 가기로 했다. 사막이 아닌 바다가 인접한 모래 언덕이라니, 이미 사막을 경험한 환브로지만, 조금 다른 환경에 매우 흥미로워했다. 주로 패키지여행을 하는 한국 관광객들에게 유명한 장소가 있지만, 진이, 율이 가족과 함께 온 우리는 현지인 찬스를 십분 활용했다. 우리가 찾아간 곳은 사실상 '프라이빗' 사구, 마을에서 10분 정도 걸어가면 바로 사구를 만날 수 있다.

마을 주차장에 차를 대고 사구로 향하는데, 풀밭에서 어른 팔뚝만 한 도마뱀을 발견했다. 도마뱀도 우리와 맞닥뜨릴 거라 예상하지 못했는지 얼음 상태다. 아이들은 도마뱀과 잠시 시간을 보내고 싶어 했지만, 잠시 도마뱀을 바라보고는 이내 애초 가던 길로 향했다. 우리도 도마뱀도 서로를 위해 쿨하게 이별하기로 한 거다. 아이들은 도마뱀과 친구가 될 수 있을 거라고 잠시 응석을 부렸지만, 도마뱀도 그걸 원할지 생각해 보라는 말에 이내 수긍하고 작별을 선택했다.

사구로 들어가는 길은 정글 탐험을 하는 것 이상으로 험난했다. 왜 이곳이 프라이빗할 수밖에 없는지 충분히 느낄 수 있었다. 신기한 풀과 나무를 지나는데 파리와 개미가 모여들기 시작했다. 설마 우리가 그들의 영역을 침범한 걸까? 말로만 듣던 살을 깨무는 파리 떼가 수십 마리 아니 수백 마리는 되는 거 같았다. 울루루에 가면 만날 수 있다는 파리 떼를 호주 입성 3일 차인 뉴캐슬에서 만나다니, 게다가 책에서만 보던 흰개미까지 발견한 환브로는 오두방정을 떨었다. 이럴 줄 알았으면 울루루에서 쓰려고 사둔 '망사 모자'를 챙겨올 걸 그랬다.

려환이는 소리를 지르며 옷 사이를 뚫고 달려드는 파리들을 쫓

느라 펄쩍펄쩍 뛰어가며 기괴한 춤사위를 연발했다. 덕분에 두려움을 가까스로 이겨내고, 열심히 달린 끝에 그들의 세계에서 탈출해 냈다.

눈앞에 펼쳐진 거대한 모래 언덕. 평범한 마을 뒤편 숲을 지나 10분도 채 안 돼 도착한 곳이 넓디넓은 사구다. 언덕 위에 올라가도 그저 모래만 보인다. 언덕 위 모래밭을 한참 걸어 나가야 멀리 바다를 볼 수 있다는데, 푹푹 빠지는 모래밭을 걸어갈 엄두가 나지 않았다. 예전에 다녀온 중국 둔황이 생각났다. 둔황도 상가가 즐비한 마을을 지나 들어가면 까마득히 펼쳐진 사막을 만날 수 있다. 사막에 마을을 만들어 놓은 건지 인간들이 살고 있는 마을에 모래를 부은 건지 신기하기만 하다. 아이들은 숙소에서 들고 온 보드를 들고, 몇 번이고 모래 언덕을 올라간다. 유명하다는 인근 모래 언덕보다 미끄러질 수 있는 길이가 짧지만, 덕분에 다시 올라가야 하는 거리도 짧아졌다. 지칠 때까지 오르고 미끄러지고, 또 오르고 미끄러지고, 이미 파리 떼와의 사투는 기억 저편으로 희미해지고 있었다.

점심을 먹을 겸 헌터밸리로 향했다. 끝없이 펼쳐진 와인 농장들이 모여있는 헌터밸리는 호주 와인 산업의 발상지다. 우리에게도 잘 알려진 고급스러운 와인 품종인 세미용과 시라(즈)의 본고장이다. 헌터밸리에만 와이너리 120개가 있다. 특히, 전 세계에서 매년 많은 사람이 고급스러운 시라(즈)를 맛보기 위해 이곳을 찾는다고 한다. 우리도 와이너리 한 곳을 찾아, 알딸딸할 정도로 와인을 들이켰다. 다섯 가지 와인을 시음하는 비용은 단돈 $5(호주 달러), 맛이 좋아 저녁 바비큐용으로 한 병 샀더니 시음 비용은 계산하지 않아도 된다고 한다. 예스! 오히려 와인을 시음하는 동안 아이들이 마신 물 한 병이 더 비싸다니, 누군가에게는 이곳이 진정 천국일 수도 있겠다.

뉴캐슬은 여전히 석탄을 운반하는 항구도시 역할을 하고 있다. 대부분 화력발전소가 문을 닫거나 이전했고, 남아 있는 인근 화력발전소도 조만간 문을 닫을 예정이다. 과거 호주의 주요 에너지를 공급하는 화력발전소가 모인 공업 도시였다면, 이제 뉴캐슬은 회색보다는 푸른 바다와 초록이 어우러진 자연을 만끽하는 관광도시 이미지가 짙어가는 모습이다. 시드니를 찾는 저 많은 패키지여행 상품도 뉴캐슬 근교를 빼놓지 않는다. 무엇보다도 따뜻하게 우리를 맞아준 진이, 율이 가족도 뉴캐슬 매력에 단단히 한몫했다. 힘겹게 비행기를 탈 수 있었던 우여곡절에 비하면, 호주 여행의 시작은 더없이 완벽했다.

## 멸종 위기 동물이 대우 받는 나라
힐스빌 생추어리

'호주' 하면 가장 먼저 떠오르는 건 아마 코알라와 캥거루일 것이다. 유별나게 모든(?) 동물에 애정을 보이는 둘째를 위해서이기도 하지만 한국에 없는 귀여운 코알라와 소문으로만 들었던 근육질 캥거루를 보고 싶은 마음에 신랑에게 동물원 일정을 제안했다. 사실, 우리가 익히 알고 있는 '동물원'은 몇 해 전 아프리카 사파리 여행과 맹수 보호구역을 다녀와서는 더 이상 찾지 않았다. 자연에서 자유롭게 살아야 할 권리가 있는 그 생명들을 적합하지 않은 기후의 나라에 데려와 작은 우리에 가두고 사람들 구경거리가 되는 모습이 너무 가혹하다고 생각했기 때문이다. 환브로도 스스로 느꼈기 때문일까, 동물원이라고만 하면 고개를 절레절레 가로젓는다. 하지만 한국에 없는 동물, 그 나라에만 있는 동물이라면 괜찮지 않을까. 아닌가, 그래도 자연에 있어야 하지 않나.

어떻게 하면 자연에서 뛰어노는 호주의 동물들을 만날 수 있을까? 내적 갈등 속에 안타까움만 더해가던 때, 남아프리카에서 다녀온 보호소가 생각났다. 일반 동물원보다는 소위 흥밋거리는 부족하지만, 그 정도로도 충분하다고 생각했다. 그리고 이내 남편이 멜버른에 있는 '힐스빌 생추어리(Healesville Sanctuary)'를 찾아냈다며 괴성을 질러댄다. '생추어리'? 생소한 이름이다. 나의 영어 밑천이 드러나는 순간이다. 남편은 무슨 온라인게임에서 많이 썼던 단어라면서 의기양양이다. 한 번 신나게 꼬집어주고는 검색에 들어갔다.

생추어리(sanctuary)의 사전적 의미는 '안식' 혹은 '피난처'다. 위급하거나 고통스러운 환경에 놓여 있는 동물 또는 야생으로 돌아가기 힘든 상황의 동물을 보호하기 위한 구역이기도 하다. 공장식 축산 환경과 일반 동물원과는 반대되는 개념으로, 동물이 동물답게 평생 온전하게 살아갈 수 있도록 치료하고 보호하는 공간을 가리킨다. 현재 미국 전역에만 300여 개의 생추어리가 운영되고 있고, 영국에서도 100여 개의 생추어리가 운영되고 있다고 한다. 한국에선 아직 생소하지만, 국외에서는 이미 활발하게 운영 중이라는데, 호주에서도 많은 생추어리가 운영되고 있다고 했다. 다른 단어를 쓰고는 있었지만, 남아공에서 찾아간 보호소도 사실상 생추어리였던 셈이다.

'힐스빌 생추어리'가 자리 잡은 빅토리아주의 비영리단체 '주-빅토리아(Zoo Victoria)'는 '동물원을 기반으로 한 보전기관'이다. '멸종과 싸운다(Fight for Extinction)'라는 슬로건을 내걸고 보전 활동을 하고 있다고 한다. 호주에서는 멸종 위기 종 가운데 20종을 우선순위로 정해 매년 보전 프로그램에 3,500만 달러를 투자한다. 또 이 가운데 15종을 사육 상태에서 번식해 지금까지 6종을 자연으로 돌려보냈다고 한다. 특히, 힐스빌 생추어리는 우리나라에서는 볼 수 없는 '호주 토종 동물만을 위한 기관'이다. 시드니에서 꽤 거리가 있는 곳이지만 이곳을 찾아가는 의미는 충분했다.

뉴캐슬에서 비행기로 2시간 30분, 우리의 두 번째 목적지 멜버른에 도착했다. 멜버른 공항에서 예약해 둔 렌터카를 수령했다. 멜버른은 호주에서도 대도시에 속한다. 진이 율이 엄마는 멜버른 시내 교통량이 많다며, 운전을 극구 만류했다. 하지만 다행히 우리가 2박 3일 머물며 가려 한 곳들이 모두 멜버른 근교다. 오히려 대중교통 이용이 불편하다. 멜버른 시내에 머문다면, 여행사의 다양한 '데이 투어 프로그램'에 참여할 수도 있지만, 4인 가족 처지에서는 가성비가 떨어진다. 멜버른 도심 숙소 비용도 당연히 더 비싸다. 게다가 아직 환브로에게 영어 가이드는 살짝 두려운 존재다.

호주 자동차는 운전석이 오른쪽으로 우리나라와 반대다. 이 또한 영국의 영향을 받았을 거다. 아일랜드에서 운전을 본격적으로 배웠다는 남편은 오히려 '우핸들'이 편하다고 한다. 오른손으로 운전대를 잡고, 왼손으로 다른 조작을 해야 더 안정적이라는 주장이다. 특히 수동 변속기인 경우는 더욱 그렇다고 하는데, 믿거나 말거나다.

어쨌든 남편은 이번에도 씩씩하게 운전대를 잡았다. 물론 '쫄보' 아내는 남편이 뭐라 하든 긴장감을 안고 조수석에 앉았다. 뒷자리에 앉은 아이들은 엄마 마음을 알기나 하는지, 그저 신났다.

　다행히 우리의 일정은 멜버른 도심이 아니고 외곽으로 가는 루트여서 운전은 꽤 여유로웠다. 곧바로 1시간 정도 떨어진 힐스빌로 향했는데 이유는 캥거루 미팅 시간을 예약했기 때문이다. 단 10분의 만남에 상당한 비용을 내는 것인데, 우리가 지급한 금액은 멸종 위기 동물들을 관리하고 보전하는 데 쓰인다고 해서 고민하지는 않았다. 사실, 대부분을 잠을 자느라 눈을 감고 있는 코알라를 만나고 싶었지만, 예약이 일찍 마감되었다. 호주 여행을 계획한다면 특히 이런 특별한 예약은 미리미리 알아봐야 한다. 힐스빌 생추어리에 도착하자마자 가장 먼저 코알라에게 달려갔지만, 아니나 다를까? 쿨쿨 잠을 자고 있었다. 생각보다 큼지막한 체구의 코알라~ 자는 모습도 너무나 귀여웠다.

왜 호주에는 다른 나라에는 없는 특이한 동물들이 살고 있을까? 그 대답도 이곳에서 찾을 수 있었는데 호주가 오래전 다른 대륙과 떨어지면서, 이곳에 사는 동물들은 독립적으로 진화할 수 있었다고 한다. 유칼립투스를 먹고 하루 20시간을 자는 코알라, 조류처럼 알을 낳지만 포유류처럼 젖을 먹이는 오리너구리 등 호주의 동물들은 마치 외계 생명체와도 같다. 오리너구리를 보러 그들을 보호하고 있는 터널(?)에 들어갔을 때는 너무 어두워 당황스럽기까지 했는데, 한참 동안 기다려 눈이 어둠에 적응하고 나니 빠르게 헤엄치는 오리너구리가 시야에 들어왔다. 힐스빌은 사육 상태에서 처음으로 오리너구리를 번식시킨 것으로도 유명하다. 특별한 동물들을 알리고 보호하려는 상당한 노력이 현장에서 몸으로 느껴졌다.

힐스빌에서 보호하고 있는 또 다른 특별한 동물들이 있는데 태즈메이니아데블과 웜뱃이었다. 책과 영상에서, 또는 털 인형으로만 알아 온 동물을 실제로 영접하다니, 신기함과 놀라움, 반가움이 동시에 하늘을 찔렀다. 특히 호주 남부 섬 태즈메이니아에만 산다는 태즈메이니아데블은 악마라는 이름을 붙여도 되나 싶을 정도로 귀여웠다. 힐스빌은 호주 본토에서 유일하게 태즈메이니아데블을 만날 수 있는 곳인데, 이미 이들을 2백 마리 이상 치료하고 번식을 이어가고 있다고 했다. 갓 태어난 태즈메이니아데블도 운 좋게 만났는데, 생명의 신비가 고스란히 느껴지는 순간이었다.

근육질 캥거루들을 조심스레 살피고 지나치다 보니 어느새 3시간이 훌쩍 지났다. 다음 여정을 위해 되돌아가는 길, 혹시 코알라가 깨어났을까 확인해 보기로 했다. 멀리서 왔는데, 이번에 못 보면 또 언제 볼 수 있을까.

 간절함을 안고 코알라에게 향했다. 코알라가, 코알라가, 코알라가 유칼립투스 잎을 우걱우걱 씹어먹고 있다. 뒤따라오는 아이들에게 '우와~~~ 얘들아! 코알라 눈떴어!' 하고 외치고 싶었지만, 꾹 참았다. 혹시나 코알라가 놀라 나무에서 떨어질까, 소리를 죽이고 온몸으로 기쁨의 소리를 내질렀다. 한숨 푹 자고 출출했는지, 귀엽디귀여운 코알라는 그렇게 한참을 먹고 또 먹었다.

 호주 여행에서 돌아온 후 우리나라에 있는 생추어리가 궁금해졌다. 현재 국내에서 운영 중인 대표적인 생추어리는 '새벽이 생추어리', '화천 곰 보금자리', '달뜨는 보금자리' 등이 있다. '새벽이 생추어리'에는 2019년 경기도 한 종돈장에서 구조된 돼지 '새벽이'와 실험동물이었던 '잔디'가 산다. '화천 곰 보금자리'에는 동물 단체 카라와 곰 보금자리 프로젝트가 폐업한 농장에서 구조한 사육 곰 13마리가 살고 있다. 동물 해방 물결이 2021년 구조한 홀스타인종 소 5마리는 '달뜨는 보금자리'에서 지내고 있다. 아, 양구에는 산양을 구조해 보호하는 곳도 있다.

 소똥을 먹고 살아 소똥구리라는 이름이 붙여진 보호종 소똥구리, 우리나라의 고유종인 금개구리, 보금자리가 사라지고 있는 저어새, 겁이 많은 사향노루, 호랑이와 함께 범이라는 이름으로 불렸던 한국표범 등 많은 한국의 멸종 위기 동물들이 있지만 보호, 관리에는 투자와 관심이 턱없이 부족하다고 한다. 아이들과 다녀온 서천 국립생태원 내 멸종 위기종 복원 센터가 기억난다. 생물종 보전 정책을 수립 및 운영하고, 그에 필요한 기술력을 확보하고, 멸종 위기종 보호

교육 및 홍보 등의 일을 하고 있다는데, 호주나 미국처럼 더 많은 관심과 투자가 이루어지길 희망해 본다.

## 과거와 현재를 이어주는 퍼핑빌리의 힘
멜버른 근교여행

　울루루로 향하는 경유지로 멜버른을 고른 가장 큰 이유는 '항공 스케줄' 때문이다. 멜버른 공항은 대도시인 만큼 많은 국내외 노선이 취항한다. 그만큼 다양한 시간대 항공편을 선택할 수 있는 옵션이 있다. 우리 가족처럼 길지 않은 휴가를 알뜰하게 사용해야 하는 여행객에게는 아주 중요한 조건이다. 시드니에서 바로 울루루 에어즈락 공항으로 가는 비행기를 탈 수도 있지만, 항공편이 그리 매력적이지 않았다. 예를 들어 비행기가 늦은 오후에 출발하는 경우 오전에 특별한 일정을 소화하지 못하고 공항으로 가기 쉽다. 또 도착하면 해가 넘어가는 저녁 시간이 되기 때문에, 결국 이동하는 데만 하루를 다 허비하는 수가 있다. 게다가 직항인 만큼 비용도 훨씬 더 비싸다. 반면 멜버른-울루루 항공편은 정오에 출발하는 일정이라 조식을 먹고 바로 공항으로 이동, 울루루에 도착해서도 오후 일정을 여유 있게 보낼 수 있다고 생각했다. 물론, 항공 스케줄이 아무리 좋다고 해도 볼거리가 없다면 멜버른까지 오지 않을 것이다.

　힐스빌 생추어리와 함께 멜버른을 경유하게 한 또 하나의 매력적인 관광지는 올해로 123년이 된 '증기 기관차'가 있는 퍼핑 빌리

레일웨이이다. 1899년 7월 기찻길을 건설하기 시작했고 이듬해인 1900년 4월 운행을 시작한, 정말 오랜 역사를 자랑하며 운행 중인 증기 기관차이다. 아이들이 한동안 즐겨 본 애니메이션 '토마스와 친구들'의 모티브가 되면서 더욱 유명해진 관광지다.

 전날 힐스빌 생추어리에서 멀지 않은 곳에 있는 'BIG 4 야라 밸리 파크 레인 홀리데이파크'에서 1박을 하고 아침 일찍 기차역이 있는 단데농(Dandenong)으로 향했다. 한 시간 남짓 높은 산자락에 있는 마을로 가는 길은 그야말로 예술이다. 하늘 높이 쭉쭉 솟은 키가 큰 울창한 나무들과 그 사이로 내리쬐는 햇살에 감탄사를 연발했다. 예약 일정 탓에 차를 멈추지 못했지만, 산림욕이라도 해야겠다 싶어 창문을 내리고 길게 숨을 들이켰다. 굽이굽이 올라가는 왕복 2차선이라 속력을 내지 못한다는 사실이 오히려 고마운 도로였다.
 100여 년 전 이 높은 곳에 사는 사람들에게 증기 기관차는 생명선과도 같았을 것이다. 승객 외에도 기차는 멜버른에서 다양한 물품을 운반했다. 일반 편지나 작은 소포는 물론 가정용품과 농장 필수품, 가축 등을 운반했다. 또다시 멜버른으로 돌아가는 기차에는 목재와 농산물, 특히 코카투 젬부르크(Cockatoo-Gembrook) 지역에서 재배한 감자가 잔뜩 실렸다. 하지만 1953년 엄청난 산사태로 인해 철로가 피해를 보았고, 결국 1년 만에 노선이 폐쇄됐다고 한다.
 노선 복원을 바라는 목소리가 이어졌지만 쉬운 일이 아니었다. 결국, 빅토리아주 정부 협조와 지원을 받은 자원봉사자들의 오랜 노력 끝에 1962년 벨그레이브(Belgrave)에서 멘지스 크리크, 1965년 에

메랄드, 1975년 레이크사이드, 마지막으로 1998년 10월 젬부르크까지 노선이 재개통할 수 있었다. '기차 중독' 가족이 아니더라도, 이런 역사를 바탕으로 옛날 방식 그대로 석탄을 때고 증기를 뿜어내며 달리는 기차를 타보는 건 충분히 매력적이다. 명성을 얻은 이후에는 예약하지 않으면 원하는 날짜와 시간에 기차를 탈 수 없을 정도다.

우리 가족은 몇 가지 옵션 중 벨그레이브 역-레이크사이드역까지 1시간, 50분 정도 쉬었다가 다시 벨그레이브 역으로 돌아오는 코스로 예약했다. 이 노선의 하이라이트는 나무다리 위를 건너는 구간이다. 벨그레이브에서 출발할 때는 열차 오른쪽, 되돌아올 때는 열차 왼쪽을 추천한다. 가능하면 기차 난간에 걸터앉아야 하는데, 경쟁이 상당하다. 되도록 예약 시간에 최대한 일찍 도착하는 게 낫다. 좌석 번호가 따로 있지 않으니 어떻게든 엉덩이를 밀어 넣어도 좋다. 만약 갈 때 난간을 사수하지 못했다면, 돌아올 때 다시 시도해 보자. 갈 때만큼 흥분되지는 않아도 조용히 여유를 즐길 수 있어, 또 다른 매력을 느낄 수 있다. **이렇게도 저렇게도 난간에 앉지 못했다면, 난간에 앉은 다른 이에게 잠깐만 앉아보고 싶다고 말을 건네보는 것도 좋은 방법이다. 용기를 내자.**

단데농 숲속 마을을 가로지르는 증기 기관차를 타고 있으면 마치 100년 전의 과거로 향해 가는 듯한 착각에 빠진다. 영화에서나 봄직한 옛날 그대로 옷차림을 한 하얀 털북숭이 기관사들의 종소리, 칙칙폭폭 하는 소리와 함께 곧이어 굉음을 내며 뿜어져 나오는 하얀 연기…. **기차 난간에 걸터앉아 아마존 부럽지 않은 울창한 산속을 뚫고 달리는 열차를 탄 남녀노소 모두 다 즐겁기만 하다.** 기관차 매연과 속력을 낼 때 불어오는 석탄 가루 섞인 바람에 눈을 찌푸려 눈물이 찔끔 나기도 했다. 몇몇 정류장을 지나치다 보면 차가 지나가는 신호에 마을 길에 멈출 때 마을 사람들이 여유 있게 손을 흔들어 주며 관광객을 환대해 주는데 이 장면 또한 참 정겹다.

오늘날 퍼핑 빌리의 성공은 공공의 이익을 위해 결성된 '퍼핑 빌리 보존 협회(Puffing Billy Preservation Society)'의 열정적인 회원들 힘이 크다. 작은 조직이 점점 발전하면서 현재까지도 기부금과 자원봉사가 꾸준히 이어지고 있다고 한다. 이들의 꾸준한 노력으로 과거와 현재를 이어주는 퍼핑 빌리 증기 기관차가 앞으로도 끊기지 않고 또 다른 100년을 칙칙폭폭 달려주기를 희망해 본다.

## 세상에서 가장 작은 펭귄들의 퇴근길

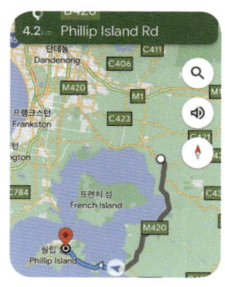

 멜버른 시내에서 필립 아일랜드까지는 차로 2시간 30분 정도 소요되는데 그래서인지 퍼핑 빌리와 묶어낸 당일 코스 여행 상품이 많이 나와 있다. 우리 가족은 렌터카 여행 중이라 퍼핑 빌리에서 근처 예쁘고 작은 마을 사사프라스를 잠깐 들른 후 필립 아일랜드로 향했다. 필립 아일랜드는 그레이트 오션로드와 함께 멜버른에서 꼭 가봐야 할 곳으로 꼽히는 곳이다. 두 곳을 모두 둘러보면 좋겠지만, 아쉽게도 동서로 나뉘어있는 터라 더 오랜 여행 기간이 필요하다.
 필립 아일랜드 서쪽에 있는 노비스 센터는 웅장한 해안 절벽이 장관을 이루는 곳으로 호주 바다표범의 서식지이기도 하다. 전망대에 올라 끝없이 펼쳐진 남태평양을 감상하며 산책로를 따라 걷다 보면 호주 바다표범들을 만날 수도 있다. 비교적 도시화가 안 된 지역이다 보니, 여기저기서 캥거루 사촌쯤 되는 왈라비도 발견할 수 있다. 우리는 숙소에서 만난 왈라비에 환호했고, 또 길을 건너려는 듯 도로변에서 주위를 살피는 왈라비에 화들짝 놀라 차량 속도를 줄여야 했다.
 하지만 뭐니 뭐니 해도 필립 아일랜드의 하이라이트는 '펭귄 퍼레이드'일 것이다. 이곳은 세상에서 가장 작은 펭귄인 페어리펭귄의 서식지로 예전부터 유명했는데, 많은 관광객이 모여들면서부터는 본격적으로 펭귄 보호 지대로 지정되었다. 30cm 정도 크기의 작은 요정같이 귀여워 이름 붙은 페어리펭귄은 사실 쇠 푸른 펭귄(Little Blue Penguin)이라고 한다. 그래서 누군가는 '리틀 펭귄'이라고도 부른다고 한다. 저녁 시간 방문하면 먹이를 찾으러 나갔다가 집으로 돌아오는 이 작은 펭귄 무리의 퇴근길을 볼 수 있는 거다.

   길고 긴 해안선 가운데 펭귄들이 돌아오는 곳이 있으려니 했다. 여행사를 통해 온 단체 관광객들이 아마 가장 인기 있는 위치를 차지할 거다. 그럼 우리는 조용히 거기서 조금 떨어진 곳에 자리를 잡으면 되지 않을까. 돗자리라도 깔고 간식이라도 먹으면서 지켜보면 된다고 생각했다. 하지만 우리의 근거 없이 확신에 찬 기대가 산산이 무너지는 데 긴 시간은 필요하지 않았다.

   펭귄이 돌아오기 시작한다는 일몰 시각을 온라인으로 확인했다. 숙소에 짐을 풀어놓고, 서둘러 펭귄 퍼레이드를 볼 수 있다는 해변으로 향했다. 이정표를 따라 들어선 주차장은 규모가 엄청나게 컸다.

아니! 여기 이렇게 많은 사람이 온다고? 주차장 옆에 마련된 꽤 큰 펭귄 센터가 있었다. 우리는 군중들을 따라 서둘러 걸음을 옮겼다. 앗! 입장 게이트잖아! 펭귄을 보려면 입장권을 사야 했다. 대체 어떤 근거로 우리는 그냥 바다에 가면 펭귄을 볼 수 있을 거란 생각을 한 걸까? 부끄러웠다. 다행히 예약하지 않았어도 현장에서 입장권을 살 수 있었다. 오, '여행의 신'이여, 또 한 번 감사합니다. 입장료는 은근히 비쌌지만, 이번에도 펭귄을 위해 쓰인다고 하니 고개를 끄덕일 수 있었다.

입구를 통과해 센터 내부에 펼쳐진 야외 공간으로 들어서자, 커다란 규모의 '나무 데크'가 미로처럼 펼쳐져 있다. 어둑어둑해지는 바닷가는 꽤 차가운 바람이 불어왔다. 5시에 펭귄 산책로가 열리고 본격적인 퇴근이 시작되는 일몰은 8시가 지난 뒤라는데, 보온병에 따뜻한 차를 준비하기를 참 잘했다. 피크닉 생각에 챙겨온 무릎담요도 탁월한 선택이었다. 해안가에 설치된 계단식 의자에 앉아 펭귄의 퇴근을 기다린다. 정말 나타날까, 초조함 속에 시간이 흐른다.

어떤 날은 펭귄들의 퇴근이 늦어지기도 해 실제로 지켜보지 못하기도 한다고 하니, 침묵 속에 긴장감이 더해간다. 이때 여기저기서 조용한 탄성이 이어진다. 펭귄을 방해하지 않기 위해 큰 소리를 내면 안 되지만, 처음 나타난 펭귄 무리에 쥐 죽은 듯 조용하기란 사실 무리가 있다. 하지만 이내 다시 조용해진다. 퇴근하는 펭귄 무리가 끝도 없이 이어지기 때문이다. 물론 가끔 관람대 가까운 곳을 지나가는 무리가 있을 때는 잠시지만 또 관람대가 술렁이기는 한다.

아무리 반갑다고 해도 소리를 지르지 말아야 하는 데다, 사진이나 비디오 촬영도 엄격히 금지돼 있다. 어두운 바다에서 갓 돌아온 야생 펭귄이 플래시 불빛에 시력을 잃을 수 있기 때문이다. 플래시를 터트리지 않고 찍으면 되지 않아? 그럴 수도 있지만, 분명 누군가는 실수로라도 플래시를 이용하고 만다는 거다. 그 누군가에게는 작은 실수일 테지만, 펭귄들에게 주는 피해는 결코 작을 수 없다. 해변에도 시력에 영향을 미치지 않는 붉은 계열 조명 시설만 최소한으로 설치됐을 뿐이다.

입장권을 업그레이드하면 지하에 있는 관람석에서 지상으로 난 유리 창문을 통해 펭귄을 더 가까이서 볼 수 있다. 하지만 딱히 그럴 필요는 느껴지지 않았다. 무리를 지어 오는 녀석들을 아주 가까이서 볼 수는 없었지만, 자연의 신비를 느끼기에는 충분했다. 나중에 보니 펭귄 센터에서는 유튜브로 '퇴근길' 실황을 매일 중계하고 있었다. 제법 근접한 영상도 포함되니, 입장권 업그레이드까지는 참아도 되지 않을까.

　펭귄들이 생각보다 많이 쏟아져 들어오지는 않았다. 안내 직원들에게 물어보니, 이유는 잘 모르겠지만 운이 좀 없는 날이지만, 최악은 아니라는 설명이다. 데크 계단에 앉은 관람객들이 하나둘 자리를 뜨기 시작했다. 우리도 일어나 센터로 향했다. 기념품으로 약간의 아쉬움을 달래야지. 일단 상륙에 성공한 펭귄들이 천천히 각자의 보금자리로 돌아가는 모습이 눈에 들어왔다. 넓은 수풀 곳곳에 보금자리가 있고, 몇몇 펭귄들이 '데크 길' 주변으로 뒤뚱대며 걸어간다. '끼익~ 끼루룩' 울어대면서 가족을 맞이하는 모습을 가까이서 보니, 마치 우리와 닮은 따뜻한 가족애가 느껴졌다.

이미지 출처: www.penguins.org.au

펭귄 세 마리가 소리를 질러가며 대화(?)를 나눈다. 한 마리는 뒤편에 보금자리가 만들어져 있다. 두 마리의 펭귄이 갑자기 뽀뽀하고 애정행각을 벌인다. 아니 어린 두 환브로 앞에서 대놓고 애정행각이라니, 이 장면을 어떻게 설명해야 하지? 두 마리의 애정행각을 보던 한 마리의 펭귄은 뒤편에 있던 집으로 들어간다. 차인 게 분명했다. 바람맞은 그 펭귄의 모습을 지켜본 우리 가족과 주변 사람들 모두 안타까운 '러브스토리'라며 안타까워했다.

펭귄들의 평안한 밤을 기원하며 센터로 돌아왔다. 입장권 구매하느라 미처 살펴보지 못한 '펭귄에 대한 소개 글'이 눈에 들어왔다. 'We are not kissing. We are preening.' 펭귄의 뽀뽀와 애정행각으로 보이는 행동이 사실은 바다에서 나온 뒤 서로의 머리를 헹궈주고 바깥쪽 깃털을 이용해 몸의 기름을 발라주며 방수를 유지하는 행동이라는 것이다. 이런 동물의 습성을 안타까운 '러브스토리'로 해석했다니…. 선행 학습이 부족했음을 인정하고 아이들과 함께 다시 이야기했다. 참, 간혹 짝짓기하기도 한단다.

무리 지어 뒤뚱뒤뚱 걷는 모습이 귀여워 입가에 저절로 미소가 지어진다. 동물원이나 수족관이 아닌 야생의 펭귄을 보는 경험만큼 특별한 것이 또 있을까? 30센티도 안 되는 작은 펭귄들이 삼삼오오 모여 돌아오고 각자의 보금자리를 만들어 쉬는 모습이 정말 너무 귀엽고 신기했다. 남아프리카공화국 해변에서 만난 아프리칸 펭귄처럼 바로 옆에 서 있지 않아도, 그렇게 또 달랐다. 언젠가 남극대륙에 가면 황제펭귄과 인사할 수 있으려나.

펭귄 센터는 우리가 관람한 날 펭귄 천 마리가 퇴근했다고 집계했다. 더 많은 펭귄이 퇴근하지 않아 아쉽기도 했지만, 어차피 펭귄 천 마리를 한 마리 한 마리 직접 다 볼 수도 없었다. 어쩌면 펭귄들의 세상이었을 공간을 인간들이 침범했다면 침범한 것일까. **공존해야 한다면 있는 그대로 바라볼 수밖에 없다**. 인위적으로 많은 펭귄을 관람대 앞에 줄지어 세워두는 건 있을 수 없는 일이다. 며칠 전 마음속에 간직한 펭귄 몇몇 마리가, 대를 이어 펭귄 수천 마리로 불어나는 꿈을 꿨다. 힐스빌에서도 느꼈지만, 멸종 위기 동물을 잘 지키고 있는 호주가 참 부러웠다.

## 멜버른에서 울루루 가는 길

멜버른에서의 2박 3일은 애초 예상보다 훨씬 추웠다. 남극 저기압 영향으로 날씨가 들쭉날쭉이라는 건 알고 있었지만, 쌀쌀한 기온에 차가운 바람까지 불면서, 우리 가족은 여전히 털옷 '보들이'를 껴입어야 했다. 준비해 간 수영복 가방은 아예 열어 보지도 못했다. 그렇다고 해도 아쉬움은 없었다. 즐길 거리가 풍성한 자연환경과 청명한 하늘은 기대 이상으로 알찬 여정을 만들어 냈고, 멋진 추억을 쌓기에 충분했기 때문이다.

필립 아일랜드를 떠나 다시 멜버른 공항으로 돌아가는 길은 서둘러야 했다. 숙소에서 공항까지는 2시간 30분 정도가 소요되는데, 멜버른 도심을 지나가야 해 변동성이 컸다. 마침, 월요일 아침 출근 시간대와 절묘하게 겹칠 수 있는 상황이라 긴장해야 했다. 이미 인천공항에서, 펭귄 센터에서 몇 차례 위기를 슬기롭게(?) 넘어간 우리 가족이지만, **이번에는 그야말로 삼진 아웃 '여행의 신'이 분노할 수도 있기 때문이다.** 오후 시간 울루루를 조금이라도 더 만끽하기 위해 선택한 항공편인데, 그 선택이 최악으로 되돌아오면 안 된다. 서두르자 서둘러.

간단히 시리얼과 달걀 등으로 아침을 해결하려 했는데, 성장기 아이들에게 무언가 부족해 보였다. 점심 도시락도 챙겨볼 겸, 급히 숙소 근처 대형 마트로 출발했다. 호주 사람들은 상점 문을 일찍 연다. 카페도 아침 일찍 문 여는 곳들이 많다 보니, 굳이 호텔에서 조식을 해결하지 않아도 근사한 조식을 먹을 수 있는 식당이나 카페들이 주변에 많다. 하지만 호주의 물가도 꽤 비싼 편이라 아침부터 식당을 이용할 계획은 없다. 마트에서 간단히 장을 보고, 간단한 샌드위치 등을 만들어도 충분하다.

**현지 식료품 가게에서 재료를 구해 각자의 입맛에 맞게 간단히 준비하는 건 경제적인 가족 여행의 센스있는 선택이다.** 지난 아이슬란드 여행 때 잘 사용한 가벼운 도시락통은 이럴 때도 참 유용하게 쓰인다. 아이들이 좋아하는 '엔젤 애플(Angel apple)' 스티커가 붙어 있는 사과와 바나나, 샌드위치용 빵과 소시지를 담았다. 해외여행 때면 마트에서 쉽게 구할 수 있는 '미니어처' 오이와 당근도 담았다. (한국에서는 이 종자가 외래종이라 그런지 꽤 비싼데, 유럽뿐만 아니라 호주에서도 아주 싱싱한 아이들을 저렴한 가격에 구매할 수 있어 애용하는 편이다.)

생각보다 멜버른 도심 교통체증은 심각한 수준은 아니었다. 그래도 공항으로 향하는 길이라 그러려나, 도로가 꽤 널찍하니 좋았다. 호주에서 가장 '힙하다'는 도시 멜버른의 마천루를 그저 스쳐 지나치기만 하니 뭔가 아쉬웠지만, 당장은 비행기 시각을 맞추는 게 중요했다. 멜버른은 일단 잘 접어두고, 남편에게 안전한 과속운전을 채근했다. 내 덕분인지 남편 덕분인지 우리는 늦지 않게 차량을 반납하고 공항에 도착했다. 야호.

이제 두툼한 옷을 벗어 던지고 이번 여행의 하이라이트 울루루로 들어갈 시간이 왔다. 남편의 '버킷리스트'를 또 한 가지 이룰 시간이 다가오고 있다. 기대와 긴장감이 고조되는 건 남편뿐만이 아니다. 아이들과 나도 덩달아 들뜬 마음에 괜히 분주하고 기분이 좋다. 사진과 영상으로 미리 살펴봤지만, 실제로 만나는 '세계의 배꼽' 울루루는 분명 다를 테니 말이다. **세상의 끝에서 사랑을 외쳐봐야지.**

울루루로 향하는 탑승 구역에 들어오니, 이미 다른 세상에 진입한 것 같았다. 사람들의 옷차림부터가 확연히 달라졌다. 뭔가 특별한 기운마저 느껴진다. 반바지에 민소매를 입은 여성부터 쪼리를 신은 사람들, 큼지막한 배낭을 멘 남성은 사막 트레킹에 어울리는 '헌터' 차림이다. 그에 반해 우리 가족은 급변하는 기온 차에 혹시나 감기가 올까 싶어, 긴바지에 반소매 티셔츠를 입고 그 위에 레이어드로 긴소매 그리고 바람막이까지 입었다. 영락없는 한국 사람들의 과잉보호 차림이다. 그래도 도착해서 더우면 차례대로 벗으면 되니 최고의 공항 패션이 따로 없다.

멜버른에서 울루루 에어즈락 공항까지는 3시간 정도 소요되는데 시차도 30분이 있다. 미국에서도 동부(New York)와 서부(Los Angeles) 시차가 5시간이 나는 걸 보고 얼마나 큰 나라인지 실감했었는데 이곳 호주도 한 나라 안에 시차가 존재하니 엄청나게 큰 나라임을 느끼며 아이들이 신기해한다. 호주는 시차가 모두 3개 구역으로 나누어진다. 시차가 30분 단위로 난다는 것도 신기한데, '서머타임'도 적용하다 보니 시간 점검을 꼼꼼히 해야만 한다. 〈80일간의 세계 일주〉처럼 생각지도 못한 보너스 여행시간이 생기면 다행이지만, 그 반대 상황이 오지 말라는 법도 없다.

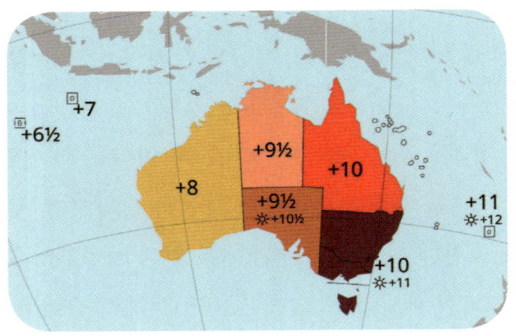

Time in Australia-wikipedia

## 울루루 도착하기 15분 전입니다

하늘길로 라스베이거스로 향한다면, 가능한 저녁때 도착하는 항공편을 이용하면 좋다. 화려한 불빛이 가득한 메인 스트립(Las Vegas Strip)과 유명 리조트 호텔을 하늘 위에서 한눈에 볼 수 있기 때문이다. 20년 전 비행기 창밖으로 내려본 라스베이거스는 마치 사막 한복판에서 활활 타오르는 활화산으로 느껴졌다. 아마 지금은 더 화려해졌겠지.

2022년 8월, 아이슬란드 레이캬비크를 방문했을 때, 비행기 오른쪽 좌석에 앉은 사람들은 땅 위를 흘러내리는, 비현실적으로 진한 오렌지색 용암을 볼 수 있는 행운을 누렸다. 값비싼 대가를 치르지 않고도, 헬기나 경비행기 체험 같은 '럭셔리 투어'를 즐긴 셈이다. 가깝게는 멜버른 퍼핑 빌리 증기 기관차도 좌석 위치가 꽤 중요하지 않았나.

울루루로 향하는 비행기도 마찬가지다. 좌석 방향이 중요하다고 해 예약 때부터 신경을 썼다. 하지만 당장은 끝없이 이어지는 사막 풍광이다. 모래만 잔뜩 있는 사막이 아닌, 군데군데 풀과 나무도 있는, 그렇지만 역시나 황량한 호주의 '아웃백'이다. 호주는 제주도처럼 화산섬은 아니지만, 제주도처럼 대부분 사람이 해안에 살고 있다. 바다를 향해 서 있으니, 등 뒤에 있는 사람이 없는 세상을 '아웃백'이라고 불렀다. 불모지에 가까운 야생이라는 의미일 텐데, 호주 콘셉트 레스토랑 브랜드는 과연 어떤 의미를 담아냈을까.

착륙이 얼마 안 남았음을 알리는 기내 방송이 흘러나오고 사람들이 술렁이기 시작한다. 대부분 우리와 비슷한 생각이다. 상공에서 울루루를 볼 수 있지 않을까 하는 기대감이다. 사실 울루루는 사막 한 가운데 우뚝 솟아 있어 어렵지 않게 볼 수 있다. 아니, 보기 싫어도 볼 수밖에 없다. 다만 비행기 좌석 방향이 다르면 도리가 없다. 세상 게으른 남편이지만 부지런히 정보를 찾아 비행기 왼편 좌석을 예약해 뒀다. 어느 공항에서 출발해 오느냐에 따라 다른데, 멜버른에서 출발한 항공편은 왼쪽이다. 왼쪽을 사수해야 한다.

도착 15분 전쯤부터 카메라를 들고 비행기 창문을 뚫어져라 쳐다본다. 붉은 사막을 집중해서 바라보고 있으니, 눈이 맵다 못해 따가워진다. 그렇다고 고개를 돌리면 안 된다. 어차피 보게 될 울루루지만, 갑자기 시야에 들어오기 시작한 울루루에서 느끼는 감흥은 남다르다. 여기저기서 탄성이 이어지고, 오른쪽 좌석에 앉은 승객들도 왼쪽 창문을 흘깃흘깃 쳐다본다. 잠깐 자리를 바꿔 줄 수 있냐는 요청도 빗발친다.

그냥 바위라고 하기에는 엄청난 크기.
어떤 행성처럼.
울루루다.
세상의 배꼽,
세상의 중심이라는 뜻의 그 울루루.

오랫동안 척박한 호주의 중심 사막에서 버티며 살아온 원주민들에 의해 지어진 이름 울루루(Uluru). **하늘 위에서 바라본 울루루는 신비 그 자체다.** 어떻게 저렇게 큰 돌이 사막 한가운데 있을까? 정말 하나의 암석이 맞을까? 태초부터 저 모습이었을까? 아니면 어디서 떨어진 걸까?

우리가 에어즈락 공항에 내린 시간은 오후 1시 30분. 가장 뜨거운 시간이다. 비행기에서 내려 공항 라운지로 들어가는데 뜨겁고 더운 바람이 얼굴을 덮는다. 오전만 해도 멜버른의 날씨는 으슬으슬 추웠는데 다른 나라에 도착한 기분이다. 에어즈락 공항의 규모는 그리 크지 않다. 하지만 규모와 상관없이 사막 한가운데 만들어진 이 공항만 보더라도 인간들이 얼마나 대단한지 느낄 수 있을 정도다.

공항이 만들어지고 길이 뚫리기 시작했을 때 울루루의 사막, 그리고 그 터를 지키고 있던 원주민들은 어떤 생각을 했을까? 공항 라운지로 들어가니 수화물 벨트 두 개와 화장실 그리고 몇몇 렌터카 회사 부스들이 전부다. 식당이나 마트는커녕 기념품 가게도 기대하기 힘들다. 신랑이 바로 렌터카 부스로 가서 차를 빌리는 동안 난 수화물을 찾기로 했다. 그러다 한쪽 벽면에 붙어있는 포스터가 눈에 들어왔다. **"들개 딩고 조심!"**

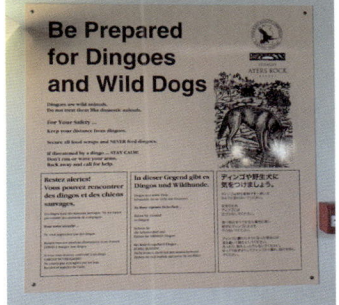

# Palya! 환영합니다
에어즈락 리조트 (Ayersrock Resort)

공항 밖으로 나오니 에어즈락 리조트를 순회하는 대형 셔틀버스 두 대가 바로 앞에 정차해 있다. 처음 울루루 여행을 준비할 때 이용을 고민한 바로 그 무료 셔틀버스다. 셔틀버스에 오르면 묻지도 따지지도 않고 에어즈락 리조트까지 이동할 수 있다. 울루루 인근 사실상 유일한 숙박 선택지가 에어즈락 리조트다 보니, 대다수 관광객이 셔틀버스에 오른다.

하지만 우리의 선택은 렌터카였다. 리조트에 도착한 뒤 울루루까지 여러 차례 오가게 될 텐데, 그때 이용해야 하는 셔틀버스는 유료였기 때문이다. 일출부터 일몰까지 여러 번 오갈 수 있는 셔틀버스(Uluru Hop On Hop Off Transfer)가 수시로 있다. 뚜벅이 1인, 2인 여행자들에게는 더없이 편한 선택이 될 거다.

> 무료 공항 트랜스퍼 AA KING'S BUS (공항 ↔ 호텔)
> 공항 → 호텔 : 일정 시간 간격으로 공항에서 탑승
> 호텔 → 공항 : 예정 비행시간의 약 2시간 전 호텔에서 출발
> (각 호텔 로비 및 안내데스크에서 확인)

하지만 4인 가족인 우리에게는 역시 렌터카가 경제적이다. 새벽부터 움직여야 하는 일정을 생각하면, 렌터카를 이용해야 아이들을 다만 몇 분이라도 더 재울 수 있겠다 싶었다.

> Uluru Hop On Hop Off Transfer
> 1 DAY PASS-ADULT $120 | CHILD $40
> 2 DAY PASS-ADULT $160 | CHILD $60
> 3 DAY PASS-ADULT $210 | CHILD $100
> Family 3 Day Pass Special $420
> VS
> 렌터카 RAV4 비용 484,100원(약 $500/2박 3일)

해외에서 운전은 익숙하지 않은 길을 가야 하고 내비게이션에 의존해야 하므로 부담될 수 있다. 하지만 겁먹지 말고 차분히 운전한다면 다른 어떤 교통수단보다 더 경제적이고 여행의 질을 한층 높일 수 있다. 이번 우리의 여행도 그러했다. 게다가 울루루 일대 도로는 당연히 복잡하지 않다. 다른 차량을 만날 일도 많지 않다. 종종 나타날 수 있는 야생동물만 조심하면 된다. 물론 렌터카가 부담스러운 여행자는 무료 공항 셔틀을 이용한 뒤, 국립공원으로 들어가는 Hop On Hop Off 버스를 이용해도 좋다. 언젠가 홀로 또는 형제가 손을 잡고 여행하게 될 때를 생각해 렌터카를 접어둘까도 싶었지만, 아직은 이르다는 생각에 살짝 뒤로 미뤄두었다. 아무튼 울루루는 렌터카는 렌터카, 셔틀버스는 셔틀버스대로 안전하고 편안한 여행을 제공한다. **선택은 그저 여행자의 몫이다.**

공항에서 에어즈락 리조트까지는 8km 정도로, 차로 10분이면 도착한다. 공항에서 리조트로 가는 길은 역시 사막뿐이다. 사막을 가로질러 쭉 뻗은 도로를 달리다 에어즈락 리조트에 도착하면, 새삼 인간의 대단한 집념에 감탄하게 된다. 리조트는 하나의 작은 마을과 같다. 6개의 각기 다른 형태를 지닌 숙소 단지가 흩어져 있고, 그 중심에는 타운스퀘어 광장이 있다. 숙소 단지별로도 작은 식당이 있지만, 타운스퀘어는 식료품을 살 수 있는 마트와 식당, 카페는 물론 병원과 우체국, 놀이터, 미술품 갤러리 등을 갖추고 있다.

　우리가 묵은 숙소 단지는 타운스퀘어와 제법 거리가 있었다. 걸어가겠다고 마음을 먹으면 걸어갈 수야 있었지만, 38도까지 치솟는 뜨거운 날씨는 부담 수준을 넘어섰다. 곳곳에서 눈에 띄는 말라비틀어진 도마뱀이 아마 그렇게 걸어가려 했나 보다. 각 숙소 단지에서 타운스퀘어를 연결하는 무료 셔틀버스가 있지만, 원하는 시각에 바로바로 탑승할 수 없으니 답답할 수밖에 없다. 렌터카 빌리기를 잘했다는 생각이 다시 든다. 렌터카가 아니라면, 타운스퀘어에 붙어있는 숙소 단지에 묵기를 추천한다.

숙소에 짐을 풀자마자 타운스퀘어에 있는 마트부터 갔다. 규모가 그리 크진 않았지만 정말 없는 게 없는 마법 같은 곳이다. 뜨끈하게 구워진 훈제 치킨도 살 수 있고, 아이들이 좋아하는 호주 엔젤 애플도 있다. 특히, 유난히 많이 보이는 한국의 다양한 라면들과 식재료들. 간편식 '3분 짜장'과 '3분 카레'는 기본이고 골뱅이와 부침가루, 고추장과 된장까지 마련돼 있다. 물론 가격은 두 배 이상으로 비싸지만, 반가운 마음만으로도 배가 부르다. 그리고 고기! 돼지고기가 비싼 호주지만, 호주 소고기는 우리가 한국에서 즐겨 먹는 돼지 앞다릿살보다 저렴하다. 숙소 객실 안에 주방은 없지만, 리조트 내 공유 주방이 있다고 하니 머무는 동안 한두 번은 바비큐를 즐겨야겠다.

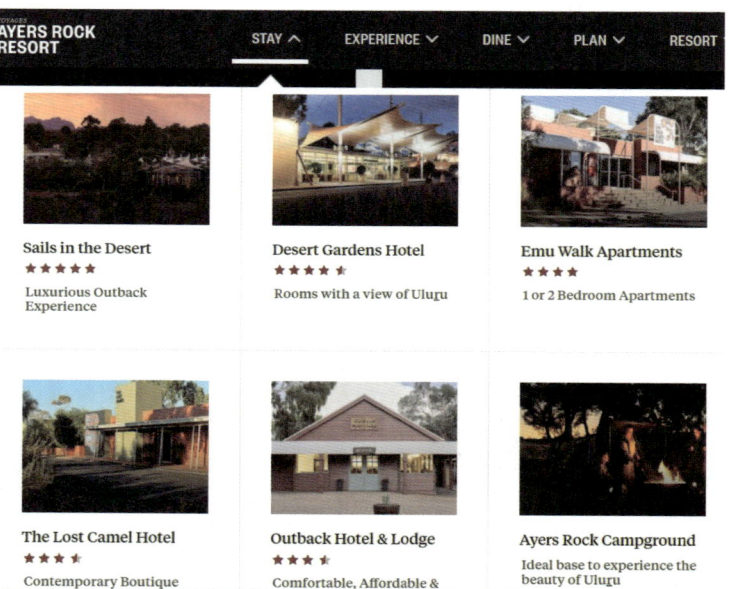

www.ayersrockresort.com.au

당장 허기진 배를 채우기 위해 마트 입구에서부터 코끝을 자극한 뜨끈한 훈제 치킨과 음료, 그리고 '김치라면' 한 봉지를 샀다. 한국에서 미리 좀 챙겨왔어도 좋았을 텐데, 출발할 때만 해도 한국 음식을 찾을 일이 없다고 쓸데없는 자신감을 부렸다. 그래도 사막 한복판 울루루에서 김치라면을 만날 줄 누가 알았을까. 침이 꼴깍 넘어가는 게 당장이라도 끓여 먹을까 싶었지만, 정말 가까스로 꾹 참아냈다. 해가 지기 전 일몰을 보러 울루루로 향할 예정인데, 울루루에서 일몰을 보며 뜯는 치킨을 위해, 라면 정도는 잠시 접어둘 수 있으니까.

 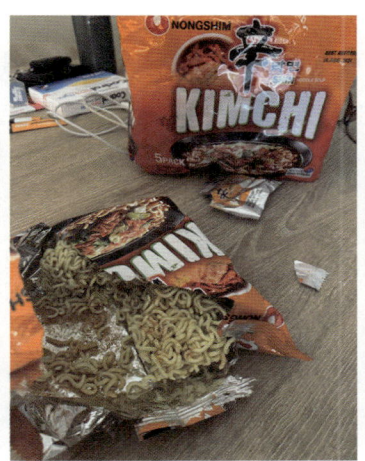 

무료 셔틀 순환 버스
모든 호텔 앞, 캠핑장, 리조트 타운스퀘어, 울루루 낙타농장에서 정차
*울루루 & 카타추타 국립공원까지는 운행하지 않음
운행 시간: 10시 30분-18시 & 18시-24시 / 약 20분 간격

# 우당탕탕 첫 번째 울루루의 일몰

　높이 348m, 둘레가 9.4km. 세계에서 가장 큰 바위라는 타이틀을 가지고 있는 **울루루는 BBC 선정 '죽기 전에 꼭 가봐야 할 여행지'로 뽑혔을 뿐 아니라, 일본 영화 '세계의 중심에서 사랑을 외치다'를 통해 많은 연인이 함께 가보고 싶은 여행지로 손꼽히는 곳이다.** 많은 수식어만큼이나 울루루를 직접 가까이서 만난다는 건 '대박 사건'이다. 특히, 국내에서 보고 느끼기 어려운 자연환경을 찾아다니기 좋아하는 남편에게는 중요 버킷리스트 가운데 하나가 바로 울루루였다.

　울루루로 향하는 길은 붉은 사막이다. 마치 울루루까지 레드 카펫이 깔린 듯한 상상을 하게 되는데, 하늘에서 봤을 때는 어디서든 보일 것 같은 거대한 바위가 이상하게 시야에 들어오지 않는다. 에어즈락 리조트에서도 저 멀리 거대한 바위가 희미하게 눈에 들어왔는데 이상하다. 하긴 저 높은 상공에서 확연히 눈에 들어올 정도로 거대하다고는 해도, 드넓은 사막을 생각하면 울루루도 어쩌면 작은 돌덩이에 불과할 수도 있다. 고개만 살짝 돌려도 이내 시야에서 사라지는 게 당연하다.

하지만 어느 순간 눈앞에 나타나는 울루루의 위용은 그저 대단하다는 말 이외에는 설명이 어려울 정도다. 가까이 다가갈수록 작은 돌멩이가 바위가 되고, 이어 거대한 바위산으로 변해버린다. 이제는 고개를 아무리 돌려도 울루루를 보지 않을 수 없는 수준에 이른다. 이 커다란 사암 덩어리 앞에 선 이들은 흥분과 함께 조용히 자연의 신비에 경외감을 표하게 마련이다.

높이 348m가 어느 정도인지 가늠이 안 갈 수 있는데, 우리가 알고 있는 다른 랜드마크와 비교해 보자. 뉴욕의 자유의 여신상이 93m, 이집트의 피라미드가 139m, 파리의 에펠탑은 324m에 불과하다. 좀 더 가까운 곳에서 찾아볼까. 서울 63빌딩 높이는 안테나 첨탑 높이를 더해 274m로 알려졌다. 남산 서울타워는 남산 높이를 더해야 479m로 울루루보다 높아진다. 게다가 울루루 높이 348m는 우리가 실제로 눈으로 볼 수 있는 부분이다. 땅속으로 2/3가 더 박혀있다고 하니 전체 높이는 거의 1km가 되는 셈이다. **실로 어마어마한 크기가 분명하다.**

울루루-카타추타 국립공원 입구

울루루는 하루에도 여러 차례 얼굴이 바뀐다. 시간에 따라, 하늘과 구름의 움직임에 따라 색이 달라지는데, 보통 7가지 색과 모습을 감상할 수 있다고 한다. 특히 해가 뜨고 지는 시간에 울루루는 가장 극적인 장면을 연출한다. 울루루에 도착한 첫날, 우리 목표는 일몰 무렵 울루루 감상하기였다. 너무나도 단순명료한 계획이지만, 일몰이 하루에 한 번뿐인 터라 긴장을 늦춰서는 안 된다. 울루루가 긴 둘레를 자랑하다 보니 감상 위치(view point)를 정하는 것도 중요하다. 서두르지 않으면 자칫 어정쩡한 상태로 어둠을 맞이할지 모른다.

셔틀버스를 이용하는 경우 지정된 감상 위치가 있다. 렌터카를 이용하는 경우 다른 감상 위치를 찾아야 하는데, 도로 곳곳에 이정표가 있으니 이를 참고하면 된다. 다만 감상 추천 위치는 한두 곳이 아니고, 선택은 결국 관광객 본인의 몫으로 남게 된다. 어디든 각기 다른 매력이 있지만, 그렇다고 중간에 자리를 옮기는 건 쉽지 않다. 일몰 시간대에 일단 접어들고 나면, 도무지 울루루에서 시선을 뗄 수 없어지기 때문이다. 그리고 중요한 포인트, 우리는 '일몰'이 아닌 '일몰 시간대'의 울루루를 보러 온 거다. 하지만 해가 넘어가는 서쪽 하늘에도 신경을 쓰긴 해야 한다. 혹시 구름이라도 있다면, 일몰 시각이 조금 더 빨라지는 효과가 나타날 수 있기 때문이다.

적당한 감상 위치에 차를 세우고, 뉘엿뉘엿 일과를 마감하는 자연의 섭리에 취해본다. 아직 해가 지기 전인데도 오후 6시쯤 되니 갑자기 서늘한 바람이 불어온다. 한낮 38도에 육박할 만큼 그렇게 뜨겁던 기온이 한풀 꺾이고 선선함을 넘어 쌀쌀한 기운이 반소매 사이로 스며들어온다. 정말 예측하기 어려운 사막의 기후다. 바람을 막아 줄 건물도 큰 나무도 없는 허허벌판, 차를 빌린 것을 다시 한번 다행이라 생각했다.

　SUV 트렁크를 열고 공간을 정리해 저녁상을 차렸다. 마트에서 김이 모락모락 나는 금방 나온 훈제 치킨을 한 마리 사 왔는데, 아직도 온기가 남아있다. 준비해 온 커피와 음료, 과자 부스러기도 꺼냈다. 종이컵 대신 숙소에서 머그잔 챙기기를 잊지 않은 나를 칭찬했다. 먹음직스럽게 준비한 만찬을 즐기며 울루루의 장엄한 일몰을 감상하는 일만 남았다. 남편과 맥주잔을 부딪쳐 '울루루 입성'을 자축하니 천국이 따로 없다.

그런데 갑자기 하늘이 이상하다. 서쪽 하늘이 수상하다. 멀쩡하던 하늘의 구름 색깔이 예사롭지 않다. 어느새 먹구름이 몰려오기 시작한다. 굉장히 멀리 떨어진 느낌이었는데, 그 느낌보다 10배는 더 빨리 퍼져나가 온 하늘을 뒤덮기 시작했다. 아, 우리 울루루 일몰은 이렇게 끝나버리는 걸까. 얼마 지나지 않아 천둥과 번개까지 몰아쳤다. 고층 빌딩은 물론 나지막한 야산조차 없는 사막, '콰지직' 번개가 하늘을 수놓기 시작했다.

 날씨 변화는 겁이 날 정도로 급작스러웠다. 우리 가족처럼 차를 빌려 일몰을 감상하려는 다른 관광객이 있어 그나마 안도할 수 있었다. 울루루는 원래 그렇다는 듯 태연히 비를 맞고 있었다. 우리는 그저 그 모습을 바라보고 있었다. 남편은 비가 내린 다음 날 울루루의 모습을 기대했다. 아이들은 기자 아빠 따라잡기에 신이 났다. 재난 현장에 투입된 기자라도 된 것처럼, 천둥번개가 치는 울루루 현장 소식과 주의할 점을 영상으로 담아내고 있었다. 잔뜩 겁을 먹은 나도, 그렇게 조금은 마음의 여유를 되찾을 수 있었다. 그리고 2박 3일을 머물 계획인 우리에게는 내일 또 일몰을 볼 기회가 있지 않은가. 설마 내일도 이렇지는 않겠지. 여행의 신을 다시 믿어보자.

울루루 특파원 영상 보기

## 울루루의 별 헤는 밤

사실상 처음 대면한 울루루는 절로 '우와!' 탄성을 쏟아내게 할 정도로 눈부셨다. 하지만 일몰과 함께 시시각각 변하는 울루루의 숨겨진 매력에 대한 기대가 워낙 컸다. 게다가 일몰을 얼마 남겨두지 않은 시점 아니었나. 그야말로 '마른하늘에 날벼락'이라는 말은 울루루 원주민이 처음 쓴 말일지도 모르겠다. 그렇게 흥분과 실망, 기대가 뒤범벅된 감정을 싸안고 터덜터덜 내일을 기약하며 숙소로 돌아가야 했다.

이미지 출처: 호주 관광청

다음 일몰을 기다리기 전 중요한 이벤트가 있다. 다시 해가 지려면 당연히 해가 다시 떠야 한다. 일몰만큼이나 일출과 함께 바라보는 울루루는 신비하다고 하니까, 그러려면 일찍 잠이 들어야 한다. 그래서일까. 울루루의 밤은 조용하고 차분하다. 동남아시아의 시끌벅적한 야시장도 없고, 라스베이거스 사막 위 화려한 조명 속 멋들어진 공연도 없다. 한낮의 흥분을 가라앉히고 이른 새벽의 또 다른 흥분을 기대하며 잠을 청하는 게 일반적이다.

결혼 전 20대 시절 가족과 함께 캐나다 휘슬러를 여행한 기억이 문득 떠올랐다. 있는 그대로 자연 설원에서 신나게 미끄러질 수 있는 스키의 천국 휘슬러지만, 우리는 스키 생각이 눈곱만큼도 없었다. 그도 그럴 것이, 당시만 해도 우리 가족은 스키를 타지 못했기 때문이다. 하지만 저 많은 사람이 모인다는데, 스키 말고도 즐길 수 있는 게 많지 않을까 기대를 품었다. 그리고 무엇보다 산더미처럼 쌓여있는 하얀 눈을 바라보는 것만으로도 충분히 좋을 거라 기대했다.

기대가 크면 실망도 크다. 해가 진 뒤 도착한 휘슬러 산장 주변은 암흑 그 자체였다. 일출과 함께 시작해 일몰에 슬로프 문을 닫는 시스템이었다. 아침 일찍 다시 스키를 타려는 이들에게 딱히 '밤 문화'는 필요가 없었던 거다. 특히 친정엄마가 실망이 이만저만이 아니었다. 술집은커녕 문을 연 식당이나 마트도 없었기 때문이다. 분위기 좋은 자리에 앉아 시원한 맥주 한잔 기울이려 한 계획이 무산됐으니, 이해가 가고도 남는다. 물론, 다음 날 아침 휘슬러 정상에 올라 감상한 설경은 정말 눈부셨다.

눈이 한가득 쌓인 휘슬러도, 모래가 한 무더기인 울루루도 그렇게 밤은 조용했다. 너무나도 조용했다. 정적이라는 단어에서 느껴지는 '느낌적 느낌'이 이토록 잘 어울리는 곳이 또 어디에 있을까. 하지만 역시 그렇게 잠이 들면 우리 가족답지 않았을까. 정리를 마치고 차분히 잠을 청해보려는데, 창밖을 바라보던 남편과 아이들이 술렁거렸다. 나 또한 아쉽기는 아쉬워 이내 무리에 동참했다. 여전히 저 멀리 천둥소리가 들리는 것 같지만, 점점 희미해지는 느낌이다. 서서히 구름이 걷히고, 하늘이 반짝이기 시작했다.

"얘들아, 우리 별 보러 갈까?"
남편이 한 마디 뱉어내자, 아이들은 흥분했다. 하지만 나는 여전히 간간이 들려오는 천둥소리가 두려웠다. 괜히 허허벌판에 서 있다가 벼락이라도 맞으면 어떡하려고, 게다가 무서운 야생 동물이라도 만나는 거 아닐까. 내일을 위해 일단 잠을 자자고 말하려는데, 이미 이 사람들 옷을 챙겨입고 있다. 인터넷으로 확인했는데 울루루 근처에 비구름이 걷히면서 별이 더 반짝일 거라며, 망설이는 나를 기어코 설득해 낸다. 숙소에서도 충분히 별이 잘 보이는데, 굳이 사막으로 가야 하나 싶었지만, 이미 대세는 기울어져 있었다.

리조트 단지를 벗어나 채 5분도 지나지 않았는데, 정말 아무것도 보이지 않았다. 건물은 물론 그 흔한 가로등도 없다. 암흑천지. 남편도 좀처럼 자동차 속도를 내지 못하고 천천히 차를 모는 게, 살짝 긴장한 눈치다. 살짝 창문을 내리고 하늘을 보니, 이미 하늘에서 별이 쏟아져 내리고 있었다. 굳이 더 갈 이유가 없었다. 어차피 울루루 국립공원은 이 시간에 들어갈 수도 없다.

"자기야, 그만 가자! 그냥 여기서 봐도 좋겠어."

남편이 오랜만에 내 얘기에 수긍하며 차를 세울 곳을 물색했다.

리조트 단지와 울루루 사이에는 '필드오브라이트(Field of Light)'라고 해가 진 뒤 진행하는 '드론 라이트 쇼'가 펼쳐지는 곳이 있다. 적막한 밤이 아쉬운 이들을 위해 생겨난 몇 안 되는 야간 볼거리다. 하지만 이 또한 늦은 밤까지 이어지지는 않는데, 덕분에 우리가 차를 세울 공간을 찾을 수 있었다. 내비게이션에서 필드오브라이트 입구를 찾아내 차를 세웠다. 한밤중 도로를 달리는 차는 거의 없지만, 그래도 혹시 모를 일이다. 도로 위에 차를 세우고 불을 끈 채 별을 보는 건 교통사고 위험이 있으니까, 안전한 곳을 찾아야만 했다.

자, 이제 안전한 곳에 주차를 마쳤다. 자동차 시동을 끄니 이렇게 조용할 수가, 이렇게 어두울 수가 없다. 눈이 어둠에 익숙해지기 위해 시간을 좀 흘려보냈다. 그런데 가족 누구도 차에서 내릴 생각을 하지 않는다. 완벽한 정적과 암흑에 압도된 탓이다. 야생 동물 특히 들개 '딩고'가 나타날 수 있다는 두려움도 한몫했다. 끝내 차에서 내리지 못하고, 창문 사이로 머리를 내밀었다. 용감한(?) 아이들은 그래도 창문에 살짝 걸터앉았다. 하늘에서는 별이 쏟아져 내렸다. 북반구에서 볼 수 없는 별자리를 찾아보고, 당연히 소원도 열심히 빌어보았다. **이 아름다움을 사진에 오롯이 담아낼 수 없으니, 마음속**

에 고이고이 접어 간직해야지.

그런데 갑자기 멀리서 불빛이 다가온다. 모두 긴장했다. 그렇게 걱정한 딩고도 아닌데, 그냥 자동차 불빛인데, 무언가 더 불안했다. 아무리 안전한 호주라고 해도, 한밤중 사막 한가운데서 만나는 누군가가 어떤 일을 벌일지 모를 일이었다. "얘들아! 창문 올리고 문 잠가!" 엄마의 위대한 직감으로 아이들에게 경계를 명령했다. 점점 강렬해지는 불빛, 픽업트럭 한 대가 우리 차 앞에 멈췄다. 보닛 위에 흔들리는 작은 호주 국기가 살짝 안도감을 주었지만, 그래도 긴장은 여전하다.

"여기서 뭘 하시는 거죠? 무슨 일 있나요?" 차에서 내린 남성 두 명이 우리에게 다가와 물었다. "음, 아, 그게, 저기, 글쎄, 별을 보러 왔어요." 쉬운 말을 꽤 어렵게 버벅거리며 조용히 털어놓았다. 나쁜 사람들은 아니란 걸 알 수 있었지만, 필드오브라이트 입구에 차를 세우면 안 되는 거였을까도 싶고, 혹시 야간 통금이라도 있는 거였을까도 싶고, 잠깐 사이에 별의별 생각이 다 들었다. "아! 그렇군요. 다행이에요. 혹시 무슨 어려움이 있으신가 했어요. 조심하셔야 합니다. 이곳에서는 어떤 일도 일어날 수 있죠. 특히, 야생 동물을 조심하세요." 친절한 국립공원 직원들이었다. 크게 안도의 한숨을 쉬고 다시 하늘을 바라봤다. 남십자성이 환한 빛으로 우리 가족을 토닥이고 있었다.

"휴~ 얘들아! 이제 우리 집에 가자!"

## ★울루루의 별 보기 투어와 액티비티

    울루루에도 적당한 금액을 지불하면 밤에 안전하게 별을 볼 수 있는 투어 상품이 있다. 하지만 지원되는 언어가 모두 영어고, 비용도 만만치 않다. 하지만 위험하지 않게 울루루를 배경으로 별을 보고 싶다면 투어를 신청하는 것도 좋은 방법이 될 수 있다. 투어 신청은 에어즈락 리조트 공식 홈페이지를 통해 할 수 있다.

www.ayersrockresort.com.au/book/tours

## 울루루의 일출

헐. 지각이다.

조금 늦게 잠들기는 했지만, 그래도 만반의 준비를 마쳤는데 결국 늦었다. 새벽 4시에 알람을 맞춰 놓으면 무엇하나, 눈만 떴을 뿐 몸이 움직이지 않았다. 멜버른과 울루루 사이 존재하는 30분의 시차는 문제가 아니었다. 다만 시차보다 더 무서운 기온 차가 문제였다. 게다가 '번개 파워 일몰' 속에 비를 맞고, 연이어 별 구경하는 데 온 기운을 소진했다. 그야말로 천근만근, 남편과 아이들은 무척추동물처럼 축 늘어진 채 꼼짝도 하지 않는다.

그래도 오늘이 아니면 또 어찌 될지 모르는데, 어떻게든 서둘러봐야 했다. 내일 아침이 있다고 해도, 당장 내일 아침에 비가 올지 알수 없는 노릇 아닌가. 힘겹게 몸을 일으켜, '등짝 스매시' 몇 방으로 가족들 기상을 채근했다. 이미 날이 잔뜩 밝아오고 있었다. 숙소에서 울루루까지 가는 시간을 생각하니, 이미 좌절부터 몰려왔다. 어제는 날씨 탓이라도 할 수 있었지만, 오늘은 그저 우리가 게을렀을 뿐이라니. 아니다, 아쉬워하느니, 지금이라도 일찍 서둘러 출발하자.

국립공원으로 들어가는 게이트에는 이미 긴 차량 행렬이 늘어섰다. 사실 국립공원 문 여는 시각이 정해져 있어, 더 빨리 들어가려해도 불가능이다. 하지만 다만 몇 분이라도 서둘러 게이트에 도착해야, 울루루 러시아워를 피할 수 있다. 하지만 이미 엎질러진 물, 조급함과 함께 차분히 입장 차례를 기다려 본다. 설상가상 저 멀리 지평선 위로 구름도 제법 걸려있는 느낌이다. 어제처럼 오늘도 구름이 일출 울루루를 가로막으면 어떻게 해야 하나. 오히려 지각생인 우리에게는 다행일 수도 있을까. 말도 안 되는 기대였나 보다. 이미 날이 밝아버렸다.

국립공원에 들어서 10여 분을 달리자, 차창 왼쪽으로 다시 울루루가 눈에 들어왔다. 어제 오후에 이미 감탄한 풍광인데 뭔가 또 다르다. 차분히 내리쬐는 아침 햇살을 머금은 울루루는 새색시 같은 단아함을 뽐내고 있었다. 한낮의 더위를 잊게 하는 청량한 공기는 '내가 일출을 놓쳤다'라는 아쉬움마저 머릿속에서 지워내고 있었다. 물론 운전대를 잡은 남편은 그런 감흥을 느낄 겨를이 없었나 보다. 차를 잠시 세울 법도 했지만, 뒤늦은 일출이라도 감사해야 한다는 신념으로 열심히 달렸다. 이 아름다운 경관을 아이들이 봐야 하는데, 뒷좌석에 겨우 올라탄 아이들은 아직도 꿈나라다.

드디어 울루루 일출 포인트에 도착했다. 당연하게도 울루루 일출은 일몰 포인트와 반대쪽에서 감상해야 한다. 울루루 국립공원 게이트를 기준으로 보면 울루루 뒤쪽에 해당한다. 이동 시간이 일몰보다 조금 더 소요된다고 봐야 한다. 꼭 그래서는 아니지만, 어쨌든 지각이다. 일출 포인트에는 이미 많은 사람이 도착해 울루루를 목도하고 있었다. 둥근 태양은 이미 지평선 위로 올라왔지만, 여전히 울루루는 시시각각 변하고 있었다. 물론 깜깜한 주변이 곧 이글거리며 붉게 변하는 장면이 가장 극적일 테지만, 남편은 지금도 좋다며 탄성을 연발한다.

일출의 끝자락이라도 감상할 수 있다는 것도 어떻게 보면 다행이다. 하지만 지각의 원인을 나 또한 제공했다는 사실에 좀처럼 마음이 편해지지 않았다. 이런 상황을 대비한 건 아니지만, 다행히 그 바쁜 와중에도 요가복을 챙겨입고 왔다. 사실 울루루에서 뜨는 해를 바라보며 하는 요가 수련은 이번 여행에서 나 자신과 한 미션이었다. 아이슬란드 자연 속에서 잠시 취해 본 요가 동작들이 그렇게도 좋은 기억이었기 때문이다. 요가인들이라면 공감하겠지만, **우리는 누구나 매트 한 장이면 전 세계 어디서든 명상하며 나 자신을 단단하게 만들 수 있지 않은가.** 아쉽게도 딱 좋은 요가 매트는 챙기지 못했지만, 숙소에 있는 비치타월로도 충분히 불안정한 내 마음을 다스릴 수 있으리라 기대했다.

관광객이 적은 곳으로 자리를 살짝 옮겨 비치타월을 펼쳤다. 새벽이라 공기가 차갑지만, 오히려 수련하기에는 딱 적당하다. 몇 가지 동작을 취하며 스트레칭을 하니, 이내 몸에 온기가 돌기 시작했다. 매트가 된 비치타월 위 나는 오롯한 내가 된다. 아쉬움이 가득, 복잡한 생각에는 여유가 피어올랐다. 울루루의 대자연은 또 나를 그대로 받아주고 있었다. 누군가는 참 극성이라고 생각했을지 모르지만, 이 순간은 단지 나만을 위해 존재하고 있었다. 그래, 극적인 울루루 일출은 내일이 또 있겠지.

기대한 일출은 보지 못했지만, 아직도 하품을 연신 해대는 환브로가 눈앞에 있다. 엄마의 요가 수련을 보며 무슨 생각을 했을까. **일몰에 이어 일출마저 제대로 함께하지 못했지만, 아이들은 괜찮다고 했다.** 날씨와 기온에 따라 울루루는 1,000개의 다른 색을 낸다고 하는데, 지금 같은 경우도 분명 그 안에 포함됐을 거라고 웃는다. 어느새 여행 고수가 다 된 것 같은 환브로가 기특하다. 숙소에서 준비해 간 따뜻한 차를 한 잔씩 나눠마시는데, 나도 모르게 입가에 미소가 번지기 시작한다.

활동 중에 고요히 있는 법
휴식 중에 활발히 살아 있는 법을 배우는 중이다.
〈요가 매트 위의 명상 중 – 롤프케이츠〉

## 카타추타의 바람

뭔가 아쉽기는 한 일출을 감상한 뒤 숙소로 복귀했다. 샌드위치와 시리얼 등으로 간단히 아침 식사를 해결하고, 다시 서둘러 나왔다. 강행군이다, 강행군이다. 그래도 2박 3일의 짧은 여정을 생각하면 어쩔 수 없는 일이다. 게다가 오늘 찾아갈 곳은 숙소에서 40km가 넘게 떨어진 곳이다. 울루루만큼은 유명하지 않다고 해도, 충분히 의미 있고 거대한 또 하나의 랜드마크, '카타추타 국립공원'이다.

울루루는 하나의 커다란 바윗덩어리지만, 카타추타는 36개의 바위로 이루어진 진정한 바위산이다. 울루루와 마찬가지로 자연적인 가치와 원주민의 역사와 문화적 가치 등을 인정받아, 1987년 유네스코 복합유산에 등재됐다. 울루루 등반은 금지됐고, 관광객들은 대신 울루루 주변을 한 바퀴 도는 트레킹을 즐긴다. 그리고 무언가 더 강한 레벨의 트레킹을 원하는 이들은 카타추타 트레킹을 즐긴다고 한다.

하지만 주의해야 하는 부분이 있다. 울루루도 마찬가지인데, 날씨를 항상 꼼꼼히 살펴야 한다는 점이다. 정오쯤 되면 이미 외부 활동이 쉽지 않을 정도로 무섭게 기온이 솟구친다. 울루루와 카타추타는 기온이 38도 이상이 되면 트레킹이 금지된다. 미리 일기예보를 보고 관련 대응을 해야 한다. 오늘 낮 최고 기온이 37도이고, 오전엔 28도인 걸 보니 카타추타 바람의 계곡을 둘러보기엔 문제가 없어 보인다. 울루루 일출 뒤 쉬지 않고 카타추타로 향하는 또 다른 이유였다.

남반구에 있는 호주는 우리나라와 정반대의 계절을 가지고 있다. 우리나라 여름인 6~8월은 호주의 겨울에 해당하지만, 선선한 기후로 여행하기에 적합하다. 이 때문에 울루루의 사막여행도 성수기에 속한다. 반면 우리나라 겨울에 해당하는 12~2월은 호주의 여름이다. 시드니나 멜버른은 여행 성수기지만, 사막 기후인 울루루는 쉽지 않은 계절이다. 그렇게 시드니와 울루루를 동시에 즐기려 한 우리는 11월 중순, 그래도 아직은 덜 더운 호주의 초여름을 선택했다.

하지만 초여름에도 울루루의 더위는 걱정 그 자체였다. 불볕더위를 피할 그늘이 많지 않다는데, 그래도 축축한 무더위보다는 나을 거라 기대했다. 제대로 된 기대였다. 그런데도 한 가지 걱정이 있었는데, 초여름 기온이 올라가면서 나타난다는 파리 문제였다. 그냥 파리도 아니고, 사람을 깨물어 피를 빨아먹는다는 그 파리다. 눈알을 파먹는다는 이야기도 있고, 샌드위치라도 먹으려면 파리를 같이 먹는다고 생각하라는 이야기도 있었다.

대체 얼마나 대단한 녀석들이길래 다들 이렇게 겁을 주는 걸까. 울루루를 다녀온 선배들 이야기니까 잘 챙겨 들어야 했다. 결국, 추천을 받은 대로 출국 전 집 근처 '생활마트'에서 양봉업자들이 쓰는 '망사 모자'를 구매했다. 1개에 4,500원이면 꽤 알뜰하다 싶었다. 울루루에 도착해 기념품 매장에서 발견한 망사 모자 가격이 개당 20달러(호주 달러), 약 18,000원 정도였으니, 다시 한번 나를 칭찬해 본다.

자, 망사 모자를 챙겼고, 텀블러에 시원한 물도 한가득 담았다. 무더위 속 트레킹에 탈수증세가 나타날 수 있기 때문이다. 미리 알아본 정보로는 트레킹 코스 중간중간 음수대가 마련돼있다고 하지만, 혹시라도 고장이 나 있을 수도 있다. 화장실이 많지 않아, 무턱대고 물을 많이 마실 수도 없는데, 어쨌든 준비는 꼼꼼히 하고 볼 일이다. 무언가 거창한, 대단한 트레킹을 하려는 것도 같지만, 사실 날씨 상황을 보면서 적절히 무리하지 않을 계획이다. 괜히 또 무리해 움직이고는 정작 울루루 일출이든 일몰이든 이번에도 또 놓쳐버릴 수는 없는 일이다.

카타추타로 가는 길에 카타추타-마운트 올가(Kata Tjuta-Mount Olga) 전망대를 만났다. 규모가 엄청난 암석을 멀리서 한눈에 담을 수 있는 전망대이다. 그냥 지나치고 싶을 정도로 뜨거워지고 있는 날씨지만 '아빠 가이드'는 절대 그냥 지나칠 리 없다. 주위에 건물도 없고 사막 식물들이 가득한 넓은 평지는 거리감을 느끼기 힘들지만, 그런데도 전망대를 만들었다면 다 이유가 있을 거라며 직진을 이어갔다.

 전망대로 걸어 올라가는 길에 꽤 큰 흙더미들이 눈에 띈다. 개미집이다. 호주 북부 다윈에 가면 30m 높이의 개미집을 볼 수 있다고 했는데, 이게 바로 그 개미집의 초기 모양이 아닐까? 언젠가 다윈에도 가게 될까? 사막임에도 불구하고 꽤 많은 종류의 나무들과 식물들이 살고 있었다. 전망대에 오르면, 한쪽에서 카타추타를, 다른 한쪽에서는 멀리 울루루를 볼 수 있다. 사막에 사는 다양한 새와 곤충들도 하나둘 눈에 담을 수 있다. 곳곳에는 벼락을 맞았는지, 자연적인 발화로 인해 검게 타버린 나무들도 보인다.

 잠시 휴식 아닌 휴식을 취하고 다시 카타추타로 향했다. 가까이 다가설수록 카타추타 또한 울루루처럼 상상 이상으로 거대해지기 시작했다. 카타추타는 호주 원주민 언어로 '많은 머리'라는 뜻이 있다.

하나의 단일 바위로 이루어진 울루루와는 다르게 36개의 바위로 이루어진 큰 조각 작품과도 같다.

　이곳은 미야자키 하야오 감독의 '바람의 계곡 나우시카'의 배경지로도 유명하다. 정상부 높이는 해발고도 1,069m, 울루루와 함께 6억 년 전 지각 변동과 함께 침식 작용으로 생성됐다고 추정된다. 붉은 흙의 성분도 아주 똑같다는데 이들은 본래 한 덩어리였을까?

　카타추타 바람의 계곡 입구 주차장에 들어서니, 어제 내린 비 때문인지 군데군데 웅덩이가 패고 침수가 되어 있다. 사막이라고 비가 오지 않는다고 생각하면 그건 오산이다. 울루루 사막에도 아이슬란드에서 본 것처럼 아주 낮은 들꽃과 나무들을 많이 볼 수 있는데, 간간이 내리는 비의 영향 때문인 것 같다. 하지만 신의 땅과 같은 이곳에서 이 정도의 불편함 정도는 그냥 지나칠 수 있어야 한다. **웅덩이에 고인 물은 곧 뜨거운 태양에 다시 증발하고 위태롭게 생명을 이어 나가고 있는 사막의 풀과 나무에 생명을 유지할 수 있는 유일한 희망이 되어줄 거다.**

　카타추타에는 두 개의 트레킹 코스가 있다.

　바람의 계곡 트레킹(Valley of the Winds Walk/ 7.4km: 3~4시간 소요)과 왈파 고지 트레킹(Walpa Gorge Walk/ 2.6km: 1시간 소요) 두 가지 코스이다. 우리는 날씨와 체력 등을 고려해 바람의 계곡 트레킹을 선택했다. 어떻게 더 긴 코스를 선택했느냐면, 어차피 끝까지 갈 수 없다고 판단했기 때문이다. 전망 포인트 두 곳 가운데 한 곳인 카루 포인트(Karu Lookout)까지만 다녀오는 1시간 코스다. 부담 없이 카타추타의 매력을 '찍먹' 하기에 적당해 보였다.

  하지만 이마저도 쉬운 길은 아니었다. 아직 한낮이 아니었지만, 바위산은 이미 뜨겁게 달아올라 있었다. 예상한 것처럼 마땅히 햇살을 피할 그늘도 없다. 그리고 더욱 곤란한 건 악명 높은 파리 떼였다. 울루루만 해도 예상과 달리 파리 떼가 아직 많지 않았다. 망사 모자를 괜히 가져왔다 싶을 정도였는데, 카타추타에서는 필요했다. 영화 속 메뚜기 떼처럼 어마어마한 양은 아니었지만, 한 마리 한 마리가 겁 없이 얼굴로 달려들었다. 옷 속까지 들어온 파리 몇 마리는 아이들 팔과 다리를 물어뜯기까지 했다.

  불볕더위 속 파리와 사투를 벌이면서도 카타추타 바람의 계곡은 신비로웠다. 사방으로 솟아있는 붉은 바위는 장엄 그 자체였다. 이따금 바위 사이로 불어오는 바람은 사막에서 만난 오아시스 버금가는 시원함을 선사했다. 목소리를 조금만 높여 말하면, 이내 화답하는 메아리도 반가웠다. 바위틈 사이에 누군가 살고 있는 건 아닐까. 요즘 등산을 하면 '야호'하고 외치지도 못하는데, 조그마한 목소리에도 답을 들려주니 오랜만에 유년 시절로 돌아간 기분까지 느껴진다. 바위틈에 누군가 사는 게 아닌, 바위 그 자체가 우리에게 화답하는 건 아닐까.

순간 좋은 아이디어가 떠올랐다. 여행 탓에 참석하지 못한 려환이 담임 선생님의 결혼식에 대한 아쉬움을 달래야겠다는 생각이다. 려환이에게 축하 영상 편지를 찍어보자고 권했다. 카타추타 바위산이 메아리를 만들어 우리 축하의 마음을 고스란히 전할 수 있을 거라고 설득했다. 영혼이 맑은 환브로는 '좋은 생각'이라며 맞장구를 쳐주었다. 아이들은 무슨 말을 할까 잠시 망설이더니, 너무나도 단순 명료한 메시지를 전했다. 메아리는 바위산이 만들어 줄 텐데, 메아리까지 직접 만들어냈다. 카타추타 바위산을 타고, 메아리가 된 아이들의 축하 메시지는 그렇게 먼바다를 건넜다.

　"선~생~님~ 결혼~ 축축 하하 해해 요오오~~~~~~~"
　"해~엥~복 하세요요요요~~~"

## 원주민들은 예술인

울루루의 여름은 가혹하다고 한다. 초여름은 그나마 낫지만, 그래도 한낮의 뜨거움은 쉽게 견뎌내기 힘든 수준이다. 울루루나 카타추타 같은 그늘 없는 바위산 지역은 물론, 리조트 단지 안도 다르지 않다. 해가 중천에 뜬 오후 에어즈락 리조트 '메인 광장' 탐색에 나선 우리는, 문을 열고 차에서 내리자마자 펄쩍 뛰었다. 숨이 턱 막히는 아찔하게 뜨거운 기운 때문이다. 오후 2시 30분, 울루루 사막의 기온은 이미 35도를 훌쩍 넘어섰다. 아스팔트 포장 위 체감온도는 모르긴 몰라도 40도 이상이 분명해 보였다.

몸이 타들어 가는 것 같다며 호들갑을 떠는 아이들은 무작정 건물 사이 그늘로, 또 건물 안으로 불쑥 뛰어 들어갔다. 소나기가 내리면 본능적으로 비를 피해 실내로 들어가는 것과 비슷하다. 나와 남편도 덩달아 따라 들어간 건물은 다른 세상이었다. 건물에 들어서자마자 에어컨 바람이 피부를 파고든다. 시원한 공기를 한 움큼 들이마시자, 색깔이 다양한 작품들이 눈길을 사로잡았다.

'GoCA(Gallery of Central Australia)', 센트럴 호주 갤러리였다. 화려한 무늬의 페인팅과 조각들, 실로 짠 인형들과 카펫까지 화려하고 다양한 작품들이 전시되고 있었다. 갑자기 우리 가족은 '피난객'에서 작품 관람객이 되었다. 꽤 규모가 있는 이 갤러리의 작품들은 신진 작가들의 작품들을 많이 소개하고 있었는데, 작가 대부분이 원주민이라고 해 또 한 번 놀랐다. 작가들이 직접 이 공간에서 작품 활동을 벌이고, 판매하며, 고객과 소통까지도 할 수 있는 체계도 갖춰져 있었다.

겹겹이 쌓여있는 그림 작품은 울루루 지역을 있는 그대로 표현한 경우가 많았다. 거대한 울루루와 카타추타의 풍광을 귀엽게 표현한 작품도 있고, 사막의 다양한 동식물들을 화폭에 담아낸 경우도 적지 않았다. 실로 엮어 만든 도마뱀과 고슴도치 등 동물은 아프리카 원주민이 바나나잎으로 만든 얼룩말과 코뿔소를 떠올리게 했다. 어떻게 보면 비슷한 사막 환경 속에서도 닮은 듯 또 다른 작품이 매력을 발산하고 있었다.

특히 호주 정부의 원주민 작가 지원을 통해 빛을 본 작품이라는 설명도 인상적이었다. 지역 문화의 지속성을 위한 지원이다. 물론 극히 소수 몇몇에 대한 지원일 수도 있다, 하지만 이러한 활동이 꾸준히 유지되고 연계가 이뤄진다면 굉장한 의미를 지닐 수 있지 않을까. 원주민의 세상에 대한 침략자일 수도 있지만, 어느 정도는 동반자로서 상생하고 있다는 느낌이 짙게 느껴졌다. 울루루 등반이 결국 금지된 것도, 원주민들의 문화와 예술성을 인정하고 끊임없이 개발하려는 노력도, 모두 어쩌면 합의와 소통의 일부라는 생각이 들었다.

센트럴 오스트레일리아 갤러리 〈Gallery of Central Australia〉

오픈 시간 - 매일 / 9시-17시 (자유 관람)

데일리 투어 - 매일 10시 30분

투어 장소 - GoCA는 Desert Gardens Hotel 옆에 위치

마음 같아서는 작품 한 점 사 들고 한국으로 돌아가고 싶지만, 여행객의 주머니 사정은 아쉽기만 하다. 아직 여행 일정이 남았는데, 혹시 중간에 잃어버릴 수도 있지 않나 싶었다. 결국 지나고 나면 그때 사야 했다고 후회할 것도 알았지만, 여행지에서는 뭐가 그리 또 아깝고 걱정이 되는 건지, 빈손으로 돌아왔다. 그리고 귀국한 우리는 예상한 대로의 아쉬움과 후회를 쏟아내야 했다.

사실 기념품 판매점 앞에 좌판을 깔고 그림을 팔고 있는 원주민들도 있다. 호주 정부의 지원을 받지 못한 작가의 작품들이다. 어떻게 보면 큰 차이가 없는 작품들인데, 어떤 작품은 갤러리에 전시됐고, 어떤 작품은 슈퍼마켓 앞에 펼쳐졌다. 당연히 작품 금액 또한 큰 차이가 날 게 분명하다. 가격을 물어볼까도 싶었지만, 지난한 가격 흥정이 불편하겠다 싶었다. 무언가 갈구하는 듯한 원주민들의 눈빛을 보고 나면, 결국은 작품을 사게 될 거라 예상해 조용히 스쳐 지날 수밖에 없었다. 호주 정부가 그런 것처럼, 안타깝게도 '돈 없다는 여행객'인 나도 '나름의 기준'으로 원주민들의 예술을 구분 짓고 있었다.

무언가 원주민 상황을 생각하고 살피려 하더라도, 비원주민인 관광객이 모든 걸 이해하기란 한계가 분명했다. 한 발 뒤로 물러서 응원하는 것만으로는 부족한 것 아닌가 싶지만, 오히려 현실적인 애정일 수 있다. 환브로도 그렇게 다양한 문화와 이해관계 속에서 많은 고민을 나눌 수 있기를 바랐다. **무엇이 옳고 그름을 단정하지 않고, 충분히 생각하고 이야기를 나눌 수 있는 그런 가족을 물려주고 싶다.**

환브로는 원주민 전통악기인 '디저리두(Didgeridoo)' 워크숍에 참가했다. 빠듯한 일정 속에서도 문화 체험은 빠질 수가 없다. 게다가 다양한 음악 장르와 악기에 관심이 많은 환브로 아닌가. 심지어 무료 체험이니 그냥 지나칠 수 없었다. 그런데 녀석들이 이 신기한 악기를 이미 알고 있는 거다. '냥코 대전쟁'이라는 스마트폰 게임 속에 등장했다는데, 호주 편을 클리어하면 얻을 수 있는 '보물' 가운데 하나였다나 뭐라나. 그래, 요즘은 게임도 공부고 교과서가 분명하다.

디저리두는 호주의 원주민들이 연주하는 나무 재질의 저음 관악기다. 전통적으로 디저리두는 흰개미가 속을 파 놓은 유칼립투스 나무의 몸통으로 만들었다고 한다. 호주 북부 지역에 사는 원주민이 제례에 사용한 악기였다는데, 언젠가부터는 호주의 다른 원주민들도 연주한다는 설명이다. 재료도 다양해졌다. 길이는 보통 1m에서 1.5m, 관의 내부는 원뿔형으로 단순하게 생긴 악기이다.

수업 장소는 다름이 아닌 '사막의 오아시스' GoCA 갤러리 바로 앞 광장이었다. 뜨거운 햇살이 걱정됐지만, 그늘막 아래라 그래도 나쁘지 않았다. 원주민 악기를 에어컨 바람 맞으며 연주하는 건 꽤 어색했을 거라며, 서로를 다독였다. 그런데 체험 수업 진행 선생님이 이상하다. 원주민 선생님을 기대했는데, 서부영화에 나올 법한 카우보이가 등장했다. 체험에 참여한 관광객에게 디저리두를 하나씩 나눠주는데, 여성들에게는 또 안 준다. 본래 디저리두를 제례 의식에서 주로 사용하기 때문이라는데, 뭐가 뭔지 정신이 없는 설정이지만 이 또한 받아들여야지. 후우.

　참가자에게 디저리두 악기의 역사에 대해 설명해 주고 부는 방법을 알려준다. 이어 카우보이 선생님이 시범을 보이는데, 저음의 꽤 멋진 소리에 깜짝 놀라게 된다. 하지만 참가자들이 한 번씩 돌아가면서 불어 볼 때는, 흡사 방귀 소리 같은 재미난 소리가 이어진다. 땀을 삐질삐질 흘려가며 얼굴이 벌겋게 되도록 다들 열심히 불어보지만, 여기저기 냄새 없는 방귀 소리에 사막 한가운데가 웃음바다로 변해 갔다.

〈전통악기 체험〉
- 투어 시간: 매일 11시, 15시
- 소요 시간: 약 45분
- 투어 장소: 11시: 리조트 타운스퀘어 분수
　　　　　　(Resort Town Square Fountain)
　　　　　　15시: 리조트 타운스퀘어 잔디광장
　　　　　　(Resort Town Square Lawn Stage)
　*15시 세션은 12월 1일부터 3월 31일까지는
　　날씨 관계로 진행되지 않는다.

호주의 전통 음식 '부시 푸드(bush food 또는 bush tucker)'에 대해 배우고, 수천 년 동안 원주민 집단이 어떻게 이러한 부시 음식을 사냥하고 채집하고 준비했는지 알아보는 시간도 있다. 아이들이 직접 다양한 나무 생물을 골라, 다양한 스텐실과 페인트 색상을 활용해 자신만의 호주 동물 기념품을 만드는 체험도 가능하다. 울루루뿐 아니라 호주를 여행하는 동안 다양한 곳에서 원주민의 예술 흔적을 찾을 수 있었는데, 호주 문화는 최소 6만 년을 거슬러 올라가는 것으로 추정된다고 한다. 1788년 유럽인들이 호주에 처음 정착했고, 당시 사용하던 원주민 언어 250개 중 120개는 아직도 사용된다고 하니 신기한 일이다. 로마유적보다 오래되고 피라미드보다 앞서는 세계에서 가장 오래된 생활 문화라니, 놀랄 '노'자다.

*부시 터커(bush tucker)는 약 5만 년 동안 오스트레일리아 원주민들이 먹던 고유한 음식이자 식재료들을 일컫는다. (이미지 출처: 호주 관광청)

# 완벽했던 울루루의 일몰
비 내리는 사막? 흐린 날에도 실망시키지 않아요

해가 쨍쨍한 울루루의 오후는 너무나도 덥다. 울루루나 카타추타 등 야외 트레킹은 일단 자폭 행위가 분명해 보인다. 그렇다고 객실에만 있기는 지루하고, 쇼핑을 하는 것도 잠깐이면 끝난다. 이럴 때 리조트에서 멋진 공연이라도 하면 어떨까도 싶지만, 그런 걸 기대할 정도로 대단위 리조트는 아니다. 같은 사막 위 리조트라고는 해도 라스베이거스를 생각할 수는 없다. 라스베이거스는 라스베이거스고 울루루는 울루루다. 만약 울루루가 라스베이거스처럼 사람이 붐빈다면, 이상하다. 이유를 딱 부러지게 말하기는 어렵지만, 왠지 울루루의 매력이 크게 반감되는 게 자명해 보인다.

하지만 아직은 꼬마인 려환이는 10여 분도 버티기 어렵다. 활동적인 아이는 울루루 지역에만 산다는 도마뱀을 찾으러 사막에 가자고 하는데, 한낮 울루루 더위에도 등줄기가 오싹해졌다. 무언가 대안을 찾지 않으면 안 되는데, 다행히 리조트에 수영장이 있다. 그늘막 없는 야외 수영장이지만, 도마뱀 사냥보다는 백배 천배 낫다. 지환이가 독서를 선택한 바람에, 물놀이 멤버는 또 엄마 몫이 됐다. 그나마 수영장 물놀이를 나 또한 비교적 선호한다는 건 다행스러운 일이었다. 그렇다고 해도 남편이 대체 왜 물놀이 후보에서 빠졌는지는 여전히 이해가 어렵다. 어쨌든 려환이 덕분에 리조트 시설을 알뜰하게 활용했다.

아웃백 호텔 & 롯지

물놀이가 끝날 무렵, 남편이 불쑥 나타났다. 파란 하늘을 가리키며, 아쉬웠던 첫날 일몰을 제대로 볼 수 있겠다고 기대를 쏟아냈다. 첫날도 애초에는 날씨에 문제가 없었다고 했는데, 무슨 근거로 저런 자신감 넘치는 기대감을 뿜어내는 걸까. 남편의 황당한 '긍정 마인드'가 간혹 부럽기도 하다. 아무튼 우리는 일단 서둘러 보기로 했다. 날씨는 우리가 제어할 수 없지만, 제시간에 도착해 일몰을 기다리는 건 우리도 충분히 대비할 수 있는 일이었다. 진인사대천명, 하늘을 믿어보자.

울루루로 향하기 전 다시 한번 훈제 치킨을 사러 마트로 향했다. 그런데 갑작스럽게 하늘이 우리 가족을 시샘하기 시작했다. 분명 맑은 하늘인데, 어디에선가 모래바람이 휘몰아치기 시작했다. 그리고 이내 회색빛 구름이 몰려오고, 온 세상이 어두컴컴해지는 거다. 아, 이게 무슨 조화인가, 남편이 재빨리 날씨를 확인하더니 한숨을 푹 쉰다. 오늘도 천둥번개가 예보됐다고 한다. 내일이면 울루루를 떠나야 하는데, 이렇게 우리의 일몰이 사라지는 건가 생각하니, 갑자기 울컥하고 무언가 목구멍에 치밀어 오르기까지 했다.

너무하는 거 아니냐며 원망의 눈빛으로 하늘을 바라봤다. 혹시 내 눈빛에 겁을 먹고 다시 파란 하늘을 보여주지는 않을까 기대했다. 그 순간 하늘에서 답이 돌아왔다. 골프공 크기만 한 우박이 쏟아져 내린다.

투둑투둑, 투두둑!

렌터카 지붕이 찌그러지는 거 아니냐며, 이것도 보험이 되느냐며 남편이 호들갑이다. 신기해하던 환브로도 어느새 불안감에 휩싸였다.

"엄마, 바람이 너무 세. 구름이 흘러가는 속도가 비행기보다 빠른 것 같아."

갑작스러운 상황이 당황스러웠지만, 그래도 훈제 치킨 맛을 잊지 못한 우리는 일단 훈제 치킨을 사기로 했다. 훈제 치킨이 맛있으니 동이 날 수 있다는 문구를 읽었기 때문이다. 일몰은 못 보더라도 치킨은 먹자는 생각이었다. 주차장에서 머리만 겨우 감싼 채 마트로 뛰어 들어갔다. 다행이다. 역시 남은 치킨이 단 한 마리였다. 럭키! 가까스로 치킨 한 마리를 사수하고, 결제하며 점원에게 물었다.

"이게 무슨 일이에요? 바깥에 지금 난리가 났어요. 우박이 너무 커요."

흥분한 나와 달리 점원은 너무 차분했다.

"네~ 11월이잖아요. 가끔 있는 일이에요. 곧 괜찮아질 거예요."

일단 일몰 관람을 포기하고 숙소로 방향을 돌렸다. 침대에 몸을 던지며 신랑이 한숨을 내쉰다. 웬만하면 무리해서라도 울루루로 달려갈 양반인데, 악천후는 악천후인가 보다. "그래도 지금 가는 건 너무 위험해. 잘못하다 벼락이라도 맞으면 어떻게 해…." 얼마나 실망이 컸을까, 평소 같으면 이미 사라졌을 훈제 치킨도 포장조차 뜯지 않고 그대로 남아있었다.

침묵이 이어졌다.

아이들은 혹시나 하고 하늘을 바라봤지만, 먹구름은 좀처럼 걷힐 생각이 없어 보였다.

30분쯤 지났을까. 언제 그랬냐는 듯 갑자기 우박을 동반한 비가 그쳤다. 하지만 저 멀리 하늘은 여전히 검은 하늘에서 번쩍번쩍 번개가 내리치고 있었다. 남편이 다시 일기예보를 살폈다. "저 구름이 곧 여기 리조트로 올 거야. 그런데 그 뒤는 맑은 것 같은데, 정확하지는 않네." 이 정도면 남편이 움직이지 싶었다. 역시 그랬다. 우리는 일말의 기대를 안고 울루루 방향으로 차를 몰았다. 그리고 어느 순간 먹구름이 감쪽같이 사라지고 있었다. 자동차 창문을 열었다. 안 그래도 깨끗한 공기지만 또 달랐다. 비가 내린 뒤 열기를 식힌 청명한 기운이 귓불을 스쳐 갔다. 아이들은 환호성을 질렀고, 남편은 어느새 입이 귀에 걸렸다.

일몰을 제시간에 보려면 서둘러야 하는데, 도무지 속도를 내지 못한다. 갑자기 쏟아진 폭우를 대지가 아직 충분히 흡수하지 못한 모습이 신비로웠기 때문이다. 곳곳에 빗물을 잠시 머금은 웅덩이가 생겼다. 웅덩이는 천연 거울이 돼 주변 풍광을 있는 그대로 담아내고 있었다. **비가 내리지 않았다면 절대 볼 수 없었던 아름다움에 숨이 턱 막혀 왔다.** 울루루 일몰을 굳이 보지 않아도 괜찮겠다는 생각이 들 정도로 눈부시다. 사진으로 오롯이 담아낼 수 없는 환상적인 아름다움은 여행자가 만나는 최고의 선물이다.

첫날 향한 일몰 명소에 도착했다. 아직 해가 넘어가기 전 가까스로 제시간에 도착했다. 서쪽 하늘에는 아직 구름이 조금 남았지만, 큰 문제가 될 정도는 아니었다. 서서히 거대한 울루루가 옷을 갈아

입고 있었다.

 붉디붉은 밝은 빛을 뿜어내더니, 어느 순간 노란 기운을 품어낸다. 해가 뉘엿뉘엿 지평선을 넘어가고 어둠이 드리워지자, 이번에는 검붉은색 옷으로 또 다른 매력을 발산한다. 저 오랜 세월 동안 울루루에 내린 빗줄기가 흘러내리며 만들어 낸 주름 사이사이로 빛과 어둠이 스며들기를 되풀이한다.

"사막이 아름다운 것은 어딘가에 샘이 숨겨져 있기 때문이야."
생텍쥐페리의 〈어린 왕자〉 중

사막에 웅덩이가 생길 정도로 비가 올 거라 상상이나 했을까? 이틀 연속 몰아친 갑작스러운 뇌우와 폭우는 당황스러웠지만, 자칫 울루루의 멋진 일몰을 볼 수 없으려나 좌절해야 했지만, 어쩌면 오히려 운이 상당히 좋았는지 모르겠다. 여전히 조금씩 남은 비구름은 맑은 날에는 볼 수 없는 바위 사이사이에 그림자를 드리우고 붉고 짙은 또 다른 모습을 선물하고 있었다. 울루루의 일몰은 환상 그 자체였다. 훈제 치킨은 아직 온기를 유지하고 있다. 우여곡절 덕분에 더욱 강렬히, 오래도록 빛날 울루루의 일몰이었다.

## 울루루 반바퀴 트레킹

큰일이다.

2박 3일의 짧은 울루루 일정이 끝나간다. 그런데 여전히 '울루루 한 바퀴' 트레킹 일정을 소화하지 못했다. 울루루 등반에 미련을 버린 뒤 계획한 트레킹인데, 생각만큼 쉽지 않았다. 일출과 일몰에 집중한 데다 불볕더위 핑계까지 더해진 거다. 물론 둘째 날 급히 카타추타를 선택했기 때문이기도 했다. 마지막 날 아침 일출을 보고 카타추타를 다녀온 뒤 비행기를 타는 건 꽤 빠듯해 보였고, 결국 울루루 일출을 본 뒤 울루루 한 바퀴를 돌아보기로 일정을 급히 변경했다.

일단 둘째 날 경험을 떠올려 아침 일찍 '더' 서둘러 울루루로 향했다. 덕분에 늦지 않고 신선한 공기를 마시며 울루루의 일출을 감상할 수 있었다. 여전히 울루루는 신비롭고 아름다웠다. 하지만 너무 편하게 술술 풀린 여정 탓이었을까, 마지막 날 울루루 일출은 고생고생 우여곡절이 녹아있는 첫째, 둘째 날 울루루의 일출 일몰보다는 감흥이 덜했다. 덕분에 재빨리 울루루 일출 포인트에서 벗어나 울루루에 접근할 수 있었다. 어제 내린 폭우로 공기는 더없이 상쾌했고,

아직 기온도 오르지 않아 걷기에 완벽한 조건이었다.

하지만 아무래도 시간이 부족했다. 아무리 평지라고 해도 울루루 한 바퀴 9.4km를 도는 데는 꽤 시간이 걸릴 수밖에 없었다. 물론 열심히 달리면 오전 시간 완주한 뒤 비행기에 오를 수 있어 보였다. 하지만 마라톤을 하려고 울루루에 온 건 아니니까, 천천히 여유 있게 울루루 반 바퀴라도 도는 게 좋겠다고 생각했다. 그렇게 우리는 일단 '쿠니야 워크(Kuniya Walk)' 트레킹 코스를 선택했다. 비가 내린 직후면 울루루 정상에서 쏟아져 내리는 폭포수와 무티출루 호수(Mutitjulu Waterhole)를 볼 수도 있다는 코스다.

우리 단군 신화처럼 이곳에도 신화가 있다. 쿠니야(여성 비단뱀)와 리루(독이 있는 갈색 뱀 인간) 사이의 치명적인 전투가 이곳에서 있었다는 전설이다. 무티출루 호수로 향하는 초입은 태풍이라도 지나간 분위기였다. 나무가 뽑히고 잘려 나간 데다, 바닥은 빗물로 가득한 웅덩이로 전진이 쉽지 않았다. 쿠니야와 리루가 오랜만에 한바탕 전투라도 벌였던 걸까. 붉은 진흙탕 범벅의 길을 걸어 나가느라 신발이 다 망가졌다. 그러면서도 낑낑거리며 호수로 향한 건 그렇다, 폭포에 대한 기대 때문이었다.

꽤 많은 비가 내렸지만, 폭포는 생각한 것처럼 콸콸 많은 물을 흘려보내지는 않았다. 바윗덩이 사이로 흘러내리는 물은 일고의 망설임도 없이 아래로 쏟아져 내리기 때문이다. 이미 대부분 빗물을 토해낸 폭포는 조용히 물이 흘렀음을 어필하고 있을 뿐이었다. 하지만 폭포수의 굵기가 호수의 신비함을 흐릿하게 할 수는 없었다. 호수라는 번역이 민망할 정도로 아담한(그래서 영어로는 Lake가 아닌 Waterhole이었나 보다) 크기지만, 고요하고 평화로워 상서롭기까지 한 분위기에 압도당한다.

쿠니야 워크를 나와 '렁카타 워크(Lungkata Walk)'로 갈아탔다. 울루루 기본 트레킹 코스 가운데 지질학적으로 가장 인상적이고 시각적으로 다양한 구간이라는 한 설명에 고민 없이 선택한 코스다. 사막 한가운데이지만, 비가 내리고 물이 고이고, 또 그늘이 있는 울루루 주변은 사막치고는 꽤 울창한 숲도 존재한다. 물론 사막은 사막, 군데군데 오래전 말라 죽어버린 걸로 보이는 나무도 적지 않다. 이 정도 숲길이면 한낮에 다녀도 괜찮지 않을까 하는 허튼 생각까지 품게 된다.

렁카타 워크는 숲길이 전부는 아니다. 크고 작은 자연 동굴도 종종 눈에 띈다. 혹여나 딩고라도 있는 건 아닌지, 잔뜩 겁을 먹은 우리 가족은 뒤꿈치를 들고 조용히 그리고 재빨리 걸음을 재촉했다. 괜한 호들갑 아닌가 생각할 수도 있다. 사실 그런 생각이 더 합리적이다. 울루루 지역에 산다고 하는 들개 딩고가 관광객 안전을 위협할 정도라면 무슨 조처가 있어도 한참 전에 있었을 테니 말이다. 그래도 무섭더라. 관광객이 많은 성수기였다면 몰라도, 드문드문 관광객이 보이는 계절이다. 어떤 기념품은 귀여운 딩고를 그려 넣었던데, 난 그래도 딩고가 싫다.

조금 더 걷다 보면 사진 촬영 금지 팻말이 나온다. 친절한 설명을 읽어보니, 이 구간은 현재도 원주민이 신성시하는 곳이었다. 제사를 지내기도 하는 곳이라는데, 사진을 찍으면 무언가 기를 빨리게 되는 그런 걱정이라도 하는 걸까? 자세한 설명은 없으니 답답한 노릇이다. 뭔가 더 특별한 부분이 있을까? 왜 하필 이 구간을 신성시할까? 하나의 바위는 오랜 시간 동안 부서지고 깨져 낙석도 꽤 많이 있었다. 이런 낙석도 함부로 만지거나 절대로 가져가서는 안 된다고 적혀있다. 평범한 우리는 느끼지 못하는 무언가 영적인 기운이 흘러나오고 있었을까?

다시 조금 더 걷다 보니, 높디높은 바위 절벽 언저리에 거뭇거뭇한 구멍이 한가득 천지다. 벌집인가 싶었는데, 거리를 생각해 보니 작은 구멍이 아니겠다 싶었다. 새다. 자세히 살펴보니 수천 마리 새가 구멍을 오간다. 수천 년 동안 바람과 물의 침식으로 깎여 만들어진 크고 작은 새들의 둥지, 새들의 아파트다. 다음이 있다면 꼭 망원경을 챙겨와야겠다. 아이들이 미간을 찌푸린 채 입을 떡 벌리고 새들을 한참 동안 바라보는데, 남편이 갑자기 '하피'가 사는 동굴 같다며 키득거린다. 온라인게임에서 자주 본 괴물이라는데, 참 알다가도 모를 남편이다. 대체 과거에 어떤 삶을 살았던 걸까. 그런데도 희한하다. 분명 말도 안 되는 이야기인데, 괴물이라는 말에 덜컥 겁이 났다.

여차저차 울루루 반 바퀴를 걸었다. 오르막도 내리막도 없는 평탄하지만, 아기자기한 코스에 5km 가까이 되는 거리를 순식간에 걸어 냈다. 조금 더 여유 있는 일정이었다면 한 바퀴 전체를 걸었을 텐데 하는 아쉬움이 가득하다. 일정이 빡빡하다면 이틀에 나눠 반반씩 걸었어도 좋았겠다. 직접 가보지는 못했지만, 충분히 반대쪽도 매력적이었을 거다. 언젠가 환브로가 자라 새로운 가정을 꾸렸을 때, **그때를 위해 페이지를 살짝 비워놓는 셈 치자**는 남편의 말이 뭉클뭉클 짠한 여운을 남겼다. 방금 전에 하피인지 뭔지 끄집어내 키득거리던 사람인데, 역시 알다가도 모를 남편이다.

## 울루루 등반은 이제 그만

2018년 말, 첫째 지환이가 초등학교 1학년을 마무리할 무렵, 남편이 육아휴직을 선언했다. 아이들에게 손이 많이 가는 아기 때가 아니라, 이제 좀 살만해지니까 문득 육아휴직을 낸다는 거다. 아기 때는 워낙 엄마를 찾기 때문에, 육아휴직 효과가 크지 않다는 이유였다. **처음에는 무슨 이런 궤변이 있나 싶었는데, 아이와 함께 오래오래 공을 찬다고 생각하니, 이제는 아빠의 시간일 수도 있겠다는 긍정의 끄덕임이 이어졌다.**

안타깝게도 모든 것을 미뤄버리는 '밀림의 왕' 게으름뱅이 남편은 휴직 기간 아이들과 딱히 공을 많이 차지는 않았다. 대신 휴직하지 않고는 가기 힘든 장기간 여행을 계획하기 시작했다. 여행 준비에 공을 차지 못한다니, 보통은 부아가 치밀어 오를 테지만, 아량 넘치는 아내는 기꺼이 남편의 여행 준비에 동참했다. 그리고 우리는 곧 아프리카를 다녀왔다.

이제는 공 좀 차려나 했는데, 이번엔 꼭 가야 할 곳을 찾아냈다는 거다. 남편이 이야기를 꺼낸 여행지가, 당시만 해도 내겐 이름조차 생소했던 '울루루'다. 왜 꼭 이번에 가야 하는지 물었다. 역시 가까운 거리는 아니지만, 호주 정도는 회사에 다니면서도 살짝 무리해서 휴가를 내면 갈 수 있을 것 같았기 때문이다. 알고 보니 남편은 울루루 등반을 꿈꾸고 있었다. 2019년 10월 이후에 울루루 등반이 영구적으로 금지되기 전에 가야한다는 이야기였다. 살짝 호기심이 생겼지만, 등반이 금지되는 이유를 듣고는 이내 포기해 버렸다.

사실 울루루 등반은 오래전부터 꽤 인기 있는 관광상품이었다. 길이 800m에 이르는 등반로를 따라 울루루 정상에 오르면 끝도 없이 펼쳐진 아웃백 사막이 한눈에 들어왔다. 어느 산이든 정상에 올랐을 때만 느낄 수 있는 묘한 성취감이 극대화된다. 세상에 단 하나뿐인 거대한 사암 덩어리에 올라 본다는 건 분명 특별한 경험일 수 있다. 남편도 그 짜릿한 자랑거리 하나 만들고 싶었던 게 분명하다.

하지만 울루루 등반은 상당한 위험을 감수해야 했다. 보통 등산로를 떠올려 보면 구불구불 완만한 경사를 따라 천천히 올라가도록 만들어진다. 하지만 울루루는 그런 환경이 되지 못했다. 사실상 정상을 향한 직진이다. 등반로 경사가 꽤 가파를 수밖에 없다. 쇠말뚝과 쇠줄까지 설치됐지만, 강풍과 불볕더위 속에 안전사고가 잇따랐다. 2019년까지 30명 이상이 사망했고, 수많은 사람이 다쳤다. 사고 발생 시 구조대가 출동하기도 쉽지 않았다. 위험한 등반로는 울루루 등반이 금지된 주된 이유 가운데 하나였다.

또 다른 이유는 위생 문제다. 울루루 정상까지 왕복하는 데 짧게 잡아도 2시간이 넘게 걸렸다. 운전대를 잡아도 2시간에 한 번은 휴게소를 들르도록 하고 있는데, 울루루 등반에는 아예 화장실이 없다. 위생 봉투를 들고 간 사람들이 있었을지 모르겠지만, 아마 대부분은 노상 방뇨를 서슴지 않았을 거다. 수많은 사람의 대소변이 곳곳에 방치됐다. 비라도 내려 씻겨 내려가지 않았을까. 물론 씻겨 내려갔겠지만, 울루루 아래는 다시 파리로 득실거릴 수밖에 없었다.

하지만 울루루 등반이 중단된 가장 중요한 이유는 따로 있다. **울루루를 '영적인 존재'로 믿는 원주민들에 대한 존중이다.** 이들은 울루루 등반이 한창 인기를 끌 때도, 나름의 안전이 확보됐을 때도 울루루에 오르지 않았다고 한다. 말도 안 되는 애니미즘이라고 치부할 수도 있지만, 사실 우리도 곰의 후손이 아니던가. 박혁거세와 주몽은 알에서 태어났다지 않나. 믿거나 말거나 옛날이야기일 수는 있지만, 누군가 그 이야기를 무시하고 폄훼한다면 나 역시 기분이 썩 유쾌하지는 않을 것 같다.

울루루에 가까이 다가서 살펴보면, 주차장 근처에서 과거 울루루 등반로 입구를 발견할 수 있다. 등반이 영구적으로 금지됐다는 팻말과 함께, 과거 쇠말뚝과 쇠줄이 박혔던 흔적이 눈에 들어온다. 쇠말뚝이 하나하나 박힐 때, 아무것도 할 수 없었던 원주민들의 심정이

어땠을지 생각하니, 갑자기 가슴이 미어졌다. 5년 전 남편을 설득하지 못하고 울루루를 등반했다면, 평생의 자랑이 아닌 평생의 후회가 됐겠다는 생각이 들었다.

환브로는 울루루를 떠나며 붉은 돌을 하나 가져가고 싶다고 했다. 하지만 이내 여행 선행학습으로 읽은 내용을 떠올리고 돌을 제자리에 내려놓았다. **등반은커녕 울루루에서 돌멩이 하나 흙 한 줌이라도 들고 가면 저주받아 불행을 겪는다는 이야기였다.** 나 또한 울루루 산책 때 신은 운동화에 묻은 흙을 털지 않았는데, 이후 오토바이 접촉 사고를 당한 날도 같은 운동화를 신고 있었다. 아마 울루루를 잠깐이라도 오르려 마음을 먹었던 데 대한 액땜이었을까. 아니다. 내가 남편을 잘 뜯어말린 덕분에, 그 영적인 기운이 더 큰 사고를 막아주었겠지. 그래도 언젠가 기회가 되면 울루루를 다시 찾아가 운동화에 묻은 흙을 털고 와야 하려나.

Sensitive Site
Pulari
No photography or filming to the left of this sign please
Showing respect
Pulari is an Anangu women's site and is sacred under Tjukurpa (traditional law). The rock details and features are equivalent to a sacred scripture; they describe culturally important information and must be viewed in their original location. It is inappropriate for images of this site to be viewed elsewhere.
Particular senior women are responsible for these stories which are passed down from grandmother to granddaughter. In an oral culture, stories are family inheritance. Under Tjukurpa, cultural knowledge is earned and with it comes great cultural responsibility.
Please do not photograph or film this site.
Thank you

HELP PROTECT THE VEGETATION
REMAIN ON THE TRACK

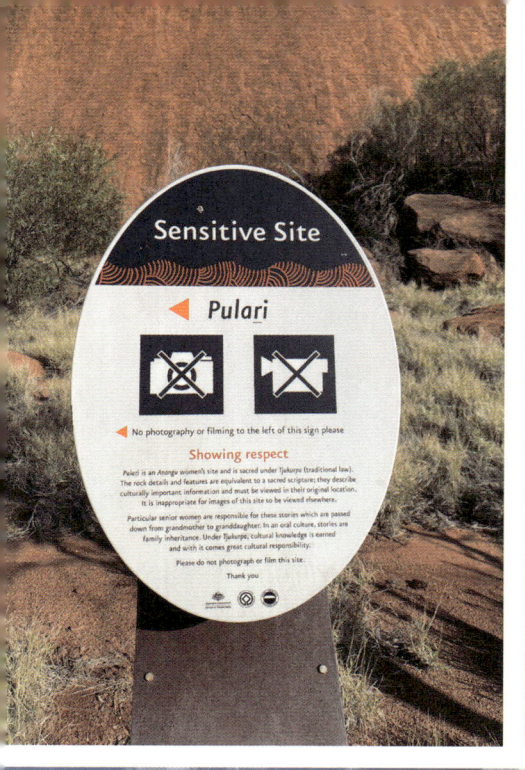

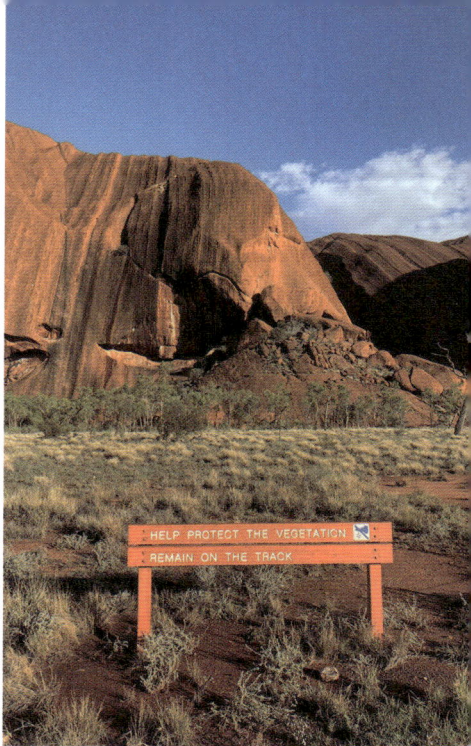

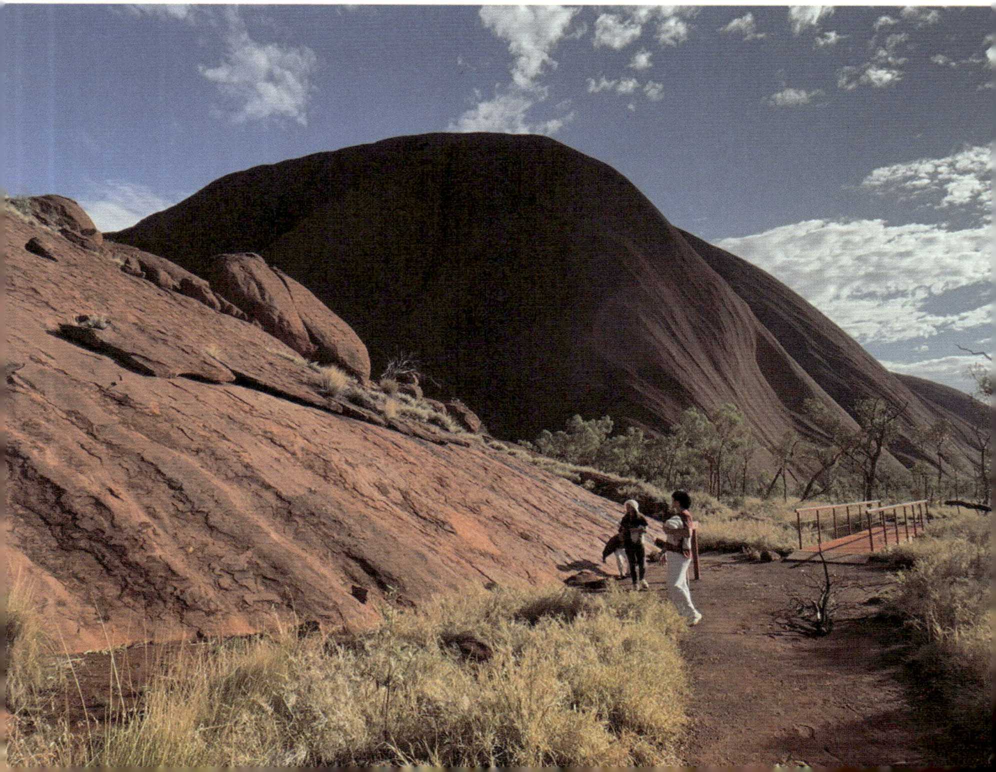

# 여유 부리다 큰코다친 사연
아는 비행기도 다시 물어보자

숙소로 돌아와 짐을 꾸렸다. 다시 시드니로 돌아가야 할 시간. 왜 울루루를 2박 3일 일정으로 계획한 걸까, 딱 하루만 더 있어도 좋았을 텐데 하는 아쉬움이 물밀듯 밀려왔다. 딱히 특별한 활동을 하지 않아도, 신비한 매력 속에 마냥 오래오래 머물고 싶어지는 울루루를 만난 것만으로도, 일단은 감사해야지. **갓난아기와 엄마를 연결해 주는 탯줄, 그리고 그 생명력의 흔적인 배꼽, 울루루를 '세계의 배꼽'이라고 부른 그 누군가는 정말 천재가 분명하다.**

짐을 다 쌌는데도 아직 여유가 있다. 남은 시간을 어떻게 보내야 할까. 아쉬움을 어떻게 하면 조금이라도 달랠 수 있을까 고민되는 순간, 비행기 출발 시각이 30분 지연됐다는 문자메시지가 날아왔다. 평소 같으면 다음 여행지로 일정이 미뤄져 기분이 나빠야 했지만, 우리 가족 모두 환호성을 내질렀다. 일단 렌터카에 짐을 싣고, 체크아웃을 마쳤다. 기념품 쇼핑을 한바탕 더 즐겨주고, 음악을 사랑하는 환브로와 디저리두 체험도 마쳤다. 렌터카 반납 전 기름을 가득 채워서 돌려주어야 하는데, 주유소에 기다리는 차가 많다. 그래도 아직 충분히 여유가 있다. 플랫 화이트 한 잔에, 아이들에게는 달달구리 간식도 챙겨줬다.

 렌터카를 반납하고 공항 수속 카운터로 향했다. 국내선이라 그런가, 아직 아무도 줄을 서지 않고 있다. 한참 더 여유를 부려도 됐는데, 너무 일찍 온 건가 하는 아쉬움이 다시 한번 밀려왔다. 잠시 뒤 '젯스타' 항공 직원들이 나와 탑승 수속을 시작했다. 호기롭게 여권을 내밀고는, 콧노래를 흥얼거리며 대기 1번의 여유를 만끽하던 그때, 항공사 직원이 고개를 갸웃하더니 청천벽력 같은 이야기를 내뱉었다.
 "죄송합니다. 시드니행 비행기는 탈 수 없어요. 15분 전에 수속이 끝나고 수화물 벨트가 닫혔습니다."
 재차 앞서 받은 문자메시지를 확인했다. 분명 비행기 출발이 지연된다고 쓰여있었다. 물론 실제 비행기도 아직 출발하지 않았다. 아직 이륙 시각이 40분이나 남았다. 탑승객이 적은 국내선 항공, 40분이면 국제선 2시간이나 마찬가지 아닌가. 직원에게 다시 물었다.
 "비행기 출발이 미뤄졌다는 안내를 받았어요!"
 직원은 상황 파악이 됐다는 듯 고개를 끄덕거리고는 설명을 이어갔다.
 "규정상 이륙 시각이 지연되더라도, 수속 시각은 그대로입니다."
 울루루의 푸른 하늘이 어느새 노랗게 변해있었다.

 당장 오늘 저녁 시드니 오페라 하우스의 '레퀴엠' 오페라를 예약해 두었는데, 이게 무슨 일인가. 아니, 오페라 공연이 문제가 아니었다. 당장 오늘 시드니에 갈 수는 있을까. 울루루에 하루만이라도 더 머물고 싶다는 마음이 하늘에 통한 걸까.

하지만 에어즈락 리조트는 이미 만실, 어떻게든 울루루를 떠나야만 했다. 시드니에 도착해야만 했다.

"시드니로 꼭 가야 합니다. 방법을 찾아주세요. 당신들 비행기가 지연된 거잖아요!"

실랑이를 부리는 사이 우리 가족 뒤로 긴 줄이 늘어섰다. 시드니행 비행기가 아닌 멜버른행 비행기를 타려는 이들이었다. 결국 우리는 시드니행 1번 대기 승객이 아닌 마지막 대기 승객이었던 셈이다. 충분한 설명을 전달받지 못한 것도 맞지만, 제대로 알아보지도 않고 잔뜩 여유를 부린 30여 분 전 우리 가족을 떠올리니, 뱃속 플랫 화이트가 부글부글 끓어올랐다. 잠시 뒤 항공사 상급 직원이 나왔지만, 같은 설명만 이어졌다. 안타깝지만 규정상 어쩔 수 없다는 이야기의 무한반복이다. 직원은 더 이상 항의 없이 체념하는 우리 가족을 보며 차분히 다른 선택지를 제시했다.

"시드니행 탑승을 원하면 수속을 진행해 줄 수 있어요. 단 수화물 없이 가야 합니다."

작은 가방으로 짐을 나눠 들고 타든 해야 하는데, 시간이 빠듯했다. 망설이는 우리에게 곧장 두 번째 선택지가 던져졌다.

"이제 곧 멜버른행 비행기가 출발합니다. 이걸 일단 타고 울루루를 벗어나세요. 이후 멜버른에서 시드니로 가는 비행기를 타세요."

제일 나은 선택이었다. 아니 어쩔 수 없는 결정이었다.

울루루에 더 머물고 싶다는 마음을 헤아려줄 거라면 숙소까지 제공할 것이지, 멜버른 공항을 다시 가게 될 줄이야. 오페라 하우스에서 오페라 관람하는 호사는 우리에게 어울리지 않았나 보다. 취소도 안 되는 오페라 표를 날리고, 항공권 비용도 $300(호주 달러)을 더 내야만 했다.

먼저 하늘로 날아오르는 시드니행 비행기를 바라보니 나도 모르게 한숨이 푹 쉬어졌다. 누군가는 '여행 좀 다녔다고 으스대더니 꼴 좋다'라고 조롱할 테다. 속상함에 얼굴이 일그러질 때, 아이들이 다가와 나를 꼭 안아준다.

"엄마, 우리는 괜찮아~ 걱정하지 말아요."
"이것도 여행이잖아~"
"우리 같이 있으니까 괜찮아~"

시드니로 향하는 비행기에 오르기 전 멜버른 공항, 무언가 끼니를 때워야 할 시간이지만, 좀처럼 입맛이 살지 않는다. 시간을 금처럼 사용해도 부족한 여행에서, 무려 12시간을 공항과 하늘에서 허비하고 있어서다. '괜찮아', '괜찮아'를 되뇌어 보지만, 한숨이 푹푹 쉬어지는 건 어쩔 수 없다. 그나마 가족 중 나처럼 예민한 성격은 없어 보여 다행이다. '긍정 마인드' 환브로에, 먹성 좋은 남편은 멜버른 공항 식당 메뉴가 풍성하다며 신바람이다.

비행기에서 잠시 호흡을 가다듬고 한숨 자고 일어나니 어느새 시드니 공항이다. 무려 밤 10시 30분, 애초 계획대로라면 오후 5시쯤 도착해야 했다. 그러고는 다시 한번 '지인 찬스', 호주에 이민을 와 살고 있는 사촌 동생이 우리를 마중 나올 계획이었다. 이어서 저 유명한 시드니 오페라 하우스에서 오페라를 감상했을 텐데, 아이고, 아니다, 그만 잊고 새로운 일정에 최선을 다하자. 그렇게 마음을 다잡았고 숙소로 향하기로 했다.

시드니 숙소는 도심에 잡았다. 갑작스러운 계획 변경이라 교통수단도 새로 알아봐야 했다. 오페라 티켓까지 선물해 준 사촌 동생이 공항으로 오겠다는 걸 겨우 뜯어말렸다. 안 그래도 미안한 상황에 늦은 밤 또 부탁할 수는 없었다. 다행히 공항에서 도심 숙소까지 거리는 멀지 않았다. 피곤한 마음에 택시를 탈까도 싶었지만, 숙소가 지하철 역세권이라는 남편 이야기에 지하철을 타보기로 했다. 이러쿵저러쿵 논의할 힘조차 없이 지쳤다.

그런데 이게 무슨 일이람. 지하철 승차권을 사려고 보니 한 명에 $18(호주 달러)이나 하는 거다. 우리 돈으로 16,000원이 넘는 금액이다. 지하철로 20분 거리라는데, 대체 왜 이렇게 비싼 거지. 시드니에 도착한 첫날 이용한 지하철도 이렇지 않았는데, 알다가도 모를 일이었다. 승차권 판매기가 고장이려나, 승차권 창구 직원에게 물었지만, 문제가 없다고 한다. 일단 지하철에 몸을 실었다. 비행기가 끝이 아니었다. 구글링이라도 해볼 수 있었지만, 역시 그럴 힘조차 없이 지쳤다. 뭐가 됐든 빨리 가자.

나중에 확인해 보니, 다행히(?) 사기를 당한 건 아니었다. 공항에서 시내로 들어가는 T8 노선은 공항세가 포함되어 있어서 일반 노선보다 훨씬 비싼데, 우리는 그걸 몰랐을 뿐이었다. 4인 가족인 우리는 '우버'를 이용하는 게 훨씬 저렴하고 편리했을 텐데, 정말 되는 게 하나도 없는 하루였다. 그렇게 자정이 다 되어서야 도착한 숙소, 고생 많았다며 환영이라도 하는 듯 호텔 지하에서는 요란한 파티 음악 소리가 들려온다.

  그래도 오늘 안에 도착한 게 어디냐며, 고생했다고 말해주는 듯한 호텔 벽 문구가 눈길을 사로잡았다. 그토록 울루루에 더 머물고 싶었는데, 울루루 공항에서 무려 1시간을 더 머물 수 있었지 않나. 우여곡절 끝에 만난 울루루의 일출과 일몰이 더 아름답지 않았나. **마지막까지도 울루루는 자신을 잊지 말라고 무언가 영적인 메시지를 전달한 걸지도 모른다.** 굳이 안 그래도 잊지 못할 텐데 왜 그랬을까?
  "울루루야, 정말 고맙지만, 다음에는 사양할게."

## 시드니의 랜드마크

 시드니의 아침은 빠르다. 많은 카페가 아침 6~7시면 오픈한다. 카페 조식 문화가 발달해 있어, 어느 카페에 가든지 맛있는 브런치 메뉴들이 있고 식사를 즐기는 사람들로 가득 차 있다. 한국의 카페가 보통 9~10시에 오픈하는 것과 비교해 보면 호주 사람들은 꽤 '아침형 인간'인 셈이다. 우리 가족도 누구나 그렇듯 여행할 때만큼은 '아침형 인간'이다. 호텔 조식이 가격 대비 훌륭하다는 평이 많다는 남편 의견 때문에 카페 브런치는 못 즐겼지만, 그래도 소문대로 조식은 꽤 괜찮았다. 든든히 배를 채웠으니, 소화도 시킬 겸 달링하버까지 걸어볼까.

어제와 달리 기분이 좋다.

역시 사람은 잘 먹어야 한다고 중얼대는 남편도 역시 기분이 좋다고 한다. 아침 8시 우리나라 같으면 아직은 '불금'의 여파로 조용할 주말 아침이지만, 시드니의 거리는 이미 활기가 넘친다. 거리의 상점은 이미 영업을 시작했거나 영업을 시작하려 분주하다. 상쾌한 공기를 마시며 조깅을 즐기는 시민들도 도시에 에너지를 더했다. 많은 사람이 북적대는 대도시가 불편한 내게, 인구 5백만 명 대도시 시드니의 주말 아침은 왜 그렇게 아름다웠을까. 아마 파란 하늘과 상쾌한 공기가 한몫했을 거다. 하지만 더 중요한 건 아등바등 욕심내지 않고 조용히 일상의 여유를 즐기려는 시드니 시민들의 마음가짐이었지 싶다. 적어도 그날 아침은 그렇게 보였다. 모두가.

초여름 시드니가 또 재미난 부분은 바로 크리스마스 때문이다. 남반구인 호주는 그야말로 '한여름의 크리스마스'를 즐기게 된다. 아직 12월도 되기 전이지만, 도심 곳곳에서 크리스마스 분위기가 물씬 풍긴다. 두툼한 붉은색 옷을 걸친 산타할아버지는 분명 너무너무 더울 텐데, 그래도 역시 호주 산타도 붉은 옷이 기본이다. 물론 반바지에 반소매 셔츠를 입은 산타도 있지만, 털 장식은 여전히 더워 보인다. 그럼, 썰매는? "혹시 산타할아버지가 썰매가 아니라 서핑하면서 나타나는 거 아닐까?" 도심 곳곳에 들어선 반짝반짝 거대한 트리를 바라보는 아이들의 재미난 상상력이 폭발한다.

자, 이제 호주 일정도 얼마 남지 않았다. 시드니에서 딱 한 곳만 갈 수 있다면 어디를 가겠는가? 아마 모르긴 몰라도 대부분 오페라 하우스를 선택할 거다. 그렇다고 오페라를 보러 가는 사람은 생각만큼은 많지 않다. 우리 가족처럼 오페라를 감상하려고 마음먹고도 보지 못하는 건 정말 특이한 경우다. 대부분 오페라 하우스의 멋들어진 외관을 감상하기를 원한다. 자연이 만든 울루루와는 또 다른, 사람이 만든 아름다운 건축물 오페라 하우스를 만나러 가자.

　인터넷에서 발견한 멋진 여행지를 직접 가서 보면, 무언가 꽤 다를 때가 있다. 사진으로 담기 어려운, 두 눈으로 봐야만 하는 절경도 있다. 하지만 반대로 사진이나 영상에서 느낀 감흥이 느껴지지 않을 때도 적지 않다. 특히 드론으로 찍은 풍광은 달라도 너무 다르다. 새가 될 수는 없는 노릇이니, 어쩌면 당연한 일이다. 시드니 오페라 하우스라고 하면 딱 떠오르는 그 모습도 역시 실제 현장에서 감상은 불가능이다. 마치 울루루 등반을 할 수 없는 것과 비슷한 느낌이다.

울루루 등반 대신 '한 바퀴 돌기'를 꿈꾼 것처럼, 오페라 하우스도 최대한 다양한 각도에서 바라보고 싶었다. 그리고 찾아낸 선택지는 바로바로 '페리'다. 관광객들이 이용하는 관광객 전용 페리도 있다. 음식도 제공된다고 했던가, 그래서 당연히 비싸다. 학원비 아껴서 여행을 온 입장에서는 사치일 뿐, 우리는 관광 페리 대신 대중교통 페리를 이용하기로 했다. 마치 이탈리아 베네치아에서 수상택시 대신 수상버스를 타는 느낌이다. 시드니 시민들도 곧잘 이용하는 수상버스다. 숙소에서 가까운 달링하버 선착장에서 오페라 하우스가 있는 하버 브리지(Sydney Harbour Bridge) 역까지 페리를 타고 이동해 본다.

페리에서 바라본 시드니 한낮의 도심은 상당히 복잡해 보였다. 도로 위 차들도 빽빽하고 가는 곳마다 사람들이 북적거린다. 주말이라 그런지 대형 피에로 얼굴 문이 있는 놀이공원 '루나파크(Lunar Park)'도 인산인해다. 아이들은 루나파크 선착장에서 내리려고도 했지만, 더 이상 변수를 만들기 싫은 나는 단호히 고개를 가로저었다.

이럴 때는 재빨리 주의를 환기해야 한다. 다행히 페리는 하버 브리지 아래로 향하고 있었고, 나는 미리 공부한 하버 브리지에 대한 'TMI'를 풀어냈다. 세계에서 가장 넓은 폭을 지닌 아치교로, 철근이 주재료여서 엄청 무겁다. 많은 사람이 오랜 기간 투입된 대공사로 대공황 시절을 버텨내는 힘이 됐다는 내용에, 아치 위를 올라가는 투어 프로그램이 있다는 이야기까지 쉬지 않고 쏟아냈다.

관심을 가질 법도 한데, 안타깝게도 하버 브리지는 숙명의 라이벌이자 영원한 1인자 오페라 하우스에 금세 밀려 버렸다. 하버 브리지 아래를 지나자마자 오페라 하우스가 위용을 드러냈기 때문이다. 남편은 푸른 바다 위를 헤엄치는 하얀색 아르마딜로를 닮았다고 했다. 아이들은 조개껍데기를 붙여둔 것 같다 했다. 커다란 돛을 올린 범선처럼도 보이는데, 사실은 건축가가 오렌지 껍질을 까다가 떠올린 모양이라고 한다.

사실 시드니 오페라 하우스는 디자인 공모전에서 탈락할 수 있었다. 1950년대 건축물로서는 꽤 파격적인, 시대를 앞서간 디자인이었기 때문이다. 다행히 예술성을 알아본 심사위원 한 명이 긍정적 고집을 피운 덕분에 살아남아 건축에 들어갈 수 있었다. 하지만 건축에도 당초 예상보다 오랜 시간이 걸렸고, 늘어난 건축비 탓에 짓던 건물도 철거하고 백지화하자는 이야기도 나왔다. 디자인을 구상한 건축가 이외른 우촌(Jørn Oberg Utzon)은 공공의 적이 되다시피 했는데, 그래도 훗날 오페라 하우스가 진가를 발휘한 뒤, 프리츠커상을 수상하며 명예를 되찾았다고 한다. 사실 오페라 하우스가 없었다면, 지금 시드니의 위상이 달라도 한참 달랐을 거다.

 아, 시드니 오페라 하우스는 외부만큼이나 내부도 멋지다고 한다. 그러니 여유가 되면, 공연까지는 아니더라도 오페라 하우스 내부 투어는 다녀오기를 추천한다. 일정상 우리는 할 수 없었지만, 사진 몇 장 찾아본 것만으로 아쉬움이 마구 몰려들었다. 한국어 투어도 있다고 하니, 언어 장벽도 문제가 되지 않는다. 그런데 재밌는 건 같은 내용 투어 프로그램인데도, 한국어 투어가 영어 투어보다 시간이 짧다고 한다. 빨리빨리 정신인가.

이미지 출처: sydneyoperahouse.com

## 이민자들의 세상 시드니

30분 정도 지나 목적지인 서큘러 키(Circular Quay) 선착장에 도착해, 주말 '록스 마켓(The Rocks Markets)'이 열리는 거리로 향했다. 록스 지역은 호주 역사에 있어 매우 중요한 곳이다. 영국 정부는 미국 독립전쟁 이후 영국으로 돌려보내질 처지에 처한 죄수들을 천연 감옥(?)이나 다름없던 호주로 보내기로 한다. 그 죄수들이 처음 발을 내디딘 곳이 바위로 가득한 이곳 록스다. 교도소 시설은 없지만, 근처 어디엔가 당시 죄수복 등을 볼 수 있는 시설도 있다고 한다.

죄수들 생각하면 어두운 이미지가 떠오르지만, 록스 지역은 시도 때도 없이 축제와 행사가 열리는 곳이다. 꼭 특별한 이벤트가 없어도 명품매장부터 아기자기한 소품에 다양한 지역 작가들의 예술품까지 만날 수 있다. 다양한 볼거리는 물론 이런저런 먹을거리도 풍부하다. 특히 거리 끝 무렵에 펼쳐진 푸드트럭 존은 또다시 남편과 아이들을 흥분하게 했다. 멜버른 공항에서도 꽤 메뉴가 풍성했는데, 여기는 더 대단하다. 세계 각국 음식이 모두 있는 것 같다. 스페인의 파에야와 튀르키예의 케밥, 이탈리아의 피자, 베트남 쌀국수, 일본의 초밥, 햄버거는 물론 한국의 회오리 감자까지 정말 다양했다.

남편과 아이들은 메뉴판 분석에 바빴지만, 나는 푸드트럭에서 열심히 땀 흘리고 있는 이들을 바라보고 있었다. 정말 다양한 국적, 인종이지만, 모두가 최선을 다하고 있었다. 유럽 여행 때 만난 주말 마켓과 사뭇 달랐다. 유럽이 조금 여유 있고 게으른 듯한 느낌이었다면, 시드니는 활기가 넘치고 열정이 가득했다.

특히, 반미를 사기 위해 베트남 푸드트럭을 찾았을 때 20대 후반으로 보이는 남학생이 눈에 들어왔다. 어머니로 보이는 분이 안쪽에서 쉼 없이 반미에 들어갈 고기를 굽고 계셨다. 청년은 새로 주문이 들어오면 어머니께 고기 종류를 외치며 동시에 반미 빵을 반으로 자르고 소스를 바른 후 각종 채소를 집어넣는다. 하나의 반미를 완성하는 모습이 거의 기계처럼 빠르고 정확하다. 그러면서도 친절은 기본이고 늘어선 주문까지 놓치지 않고 꼼꼼히 받는 모습은 매우 인상적이었다.

하버 브리지를 바라보며 잔디밭에 앉아 먹는 점심이 꽤 매력적이다. 과거 호주는 백인들의 세상, 인종차별이 상당했다고 알고 있는데, 참 많이 달라진 모습이다. 사실 그 백인들도 알고 보면 이민자 아닌가. 물론 여전히 남모를 차별이 있을지는 모르지만, **열심히 하면 어쨌든 그 결실을 이룰 수 있다는 믿음이 분명해 보였다.** 록스 시장을 돌아보니 왜 시드니를 이민자들의 세상이라고 부르는지 이해가 됐다.

# 호주 이민 이야기

호주 여행을 계획하면서 사촌 동생 연진이를 떠올렸다. 호주로 이민을 떠난 지 벌써 20년이 지난 막내 고모 가족이 보고 싶었다. 하지만 선뜻 연락하기가 어려웠다. SNS에 종종 '좋아요'를 누르는 일 말고는, 사실 오랫동안 소식을 나누지 못했기 때문이다. 여행하게 되니까 이제야 연락해 볼까 하는 생각에 스스로 미안해졌다. 남편에게 물었더니, 당연히 연락드려야 한다며 너무 쉽게 말한다. 하긴 무언가 바라는 것도 아니었으니까, 남편 말이 백배 옳았다. 호주 여행에서 연진이를 포함한 고모 가족은 과분한 사랑을 나눠주었다. 시드니 일정을 너무 짧게 잡은 건 아닌가 미안할 정도였다.

어릴 때만 해도 친척들 왕래가 잦았기 때문에 사촌들과도 친하게 지낼 수 있었고, 이사 문제로 잠시 머물 집이 필요했던 고모 가족이 우리 집에서 잠시 지내게 되었을 때는 '가족 캠프'라도 하는 듯 즐거운 기억만 가득하다. 막내 고모는 당시 피아노 선생님이었는데, 자녀 교육에 대한 열정이 상당했다. 그렇게 연진이는 초등학생 시절을, 원했든 원하지 않았든 '학구파 소녀'로 보내야 했다. 어쩌면 그

기억 덕분에 현재 호주에서 살고 있는지도 모르겠다.

고모는 중학생이 된 연진이를 호주에 보냈다. 영어라도 좀 배우고 오라는 의미로 '방학 캠프'를 보낸 거다. 그런데 연진이는 영어만 배우지 않았다. 여러 나라에서 온 아이들과 보낸 캠프는 한국에서 생각한 영어 공부가 아니었기 때문이다. 사실 나도 영어를 배워본다는 생각으로 캐나다행 비행기에 몸을 실었지만, 내가 배운 건 영어보다 더 중요한 더 넓은 생각이었다. 3대가 해야 할 공부를 미리 다 해두었다는 남편도 아일랜드 어학연수가 인생의 전환점이라고 곧잘 말한다. 아직 한참 어린 나이였지만, 연진이는 당시 영어를 넘어 자신의 미래를 구상했는지도 모른다.

한국으로 돌아온 연진이는 유학을 가고 싶다고 한참을 졸랐다고 한다. 아직 중학생인 딸을 이국땅에 공부하러 보낸다는 게 쉬운 결정은 아니었을 거다. 방학 중 잠깐 다녀오는 것과는 또 다른 결정이기 때문이다. 그래도 눈에 넣어도 아프지 않을 딸이 원하는데, 이를 나 몰라라 할 부모가 어디 있을까. 있는 돈 없는 돈 끌어모아 그렇게 조기 유학이 시작됐다. 고모와 3남매가 비행기에 올랐고, 고모부는 기러기 아빠 신세가 됐다.

사실 내 기억은 여기서 끊겨있었다. 멀리 떠난다니, 자주 보기 어렵겠다며 아쉬워 한 기억이 전부였다. 그래도 이번 여행을 통해 끊어진 이야기를 이어갈 수 있게 됐다. 여행자가 꿈꾸기 어려운 근사한 레스토랑에 우리를 초대한 고모 가족은 그간의 우여곡절을 꽤 오랜 시간 들려주었다. 웃음과 눈물이 반복되는 한 편의 드라마가 얼마나 흥미진진했던지, 레스토랑에서 내려다보는 멋들어진 시드니 전망도 눈에 잘 들어오지 않을 정도였다.

호주에서 다시 시작한 학창 시절은 아주 만족스러웠다고 한다. 입시 위주의 우리 교육 방식과는 다르게 **다양한 활동과 관계 형성을 통해 교육받고, 또 진로를 결정할 수 있었다.** 활발하고 모험심 가득한 여학생은 건강하게 유학 생활을 할 수 있었다고 회상했다. 초등학교 시절 쌓아둔 내공도 적응에 도움이 됐을 거다. 반면 3남매를 데리고 연고도 없는 시드니에 처음 도착한 고모는 상황이 달랐다.

종일 아이들이 학교에서 돌아오기만 기다렸다고 한다. 아이들이 등교하고 나면 오페라 하우스 주변을 산책하는 정도가 유일한 낙이었다. 하루 이틀은 여행이라도 하는 것처럼 신기하고 재밌었지만, 그것도 잠시였다. 한 달이 지나고 두 달이 지나고 달력을 계속 뜯어 내는데, 마음을 나눌 친구가 없었다. 언어가 잘 통하지 않으니, 이웃과 대화를 나누기도 어려웠다. 외로움에 한숨을 쉰 날이 적지 않았다. 한국으로 돌아가고 싶다는 생각도 해 보았지만, 이렇게 물러설 수는 없다고 생각했다.

고모는 바쁘게 살아보기로 했다. 외로움을 느낄 겨를도 없이 일을 해 보자 마음먹었다. 매일 산책하며 지나쳐 온 '스시롤' 식당에서 마침 아르바이트 모집을 하고 있었다. 그렇게 시작한 식당의 업무는 주방 보조, 설거지와 청소가 맡겨졌다. 피아노만 치고 공부만 했던 고모에게는 큰 도전이었다. 하지만 고모도 결국은 한국인! 투철한 주인의식과 근면 성실로 얼마 지나지 않아 러시아인 식당 주인의 눈도장을 받아냈다. 그리고 얼마 지나지 않아 고모는 스시롤까지 직접 만들 수 있게 됐다.

그래도 역시 고된 일상이었다. 힘들어 그만둘지 고민하다가도 조금만 더 참아보기로 마음 고쳐먹기를 수십 차례, 하늘이 드디어 스스로 돕는 자를 돕기 시작했다. 매장 이전 확장을 계획한 식당 주인이 고모에게 기존 매장 인수를 권했다. 판단력과 실행력을 겸비한 고모는 '이것이 기회다'라고 생각했다고 한다. 사업을 결정하는 데 큰 고민이 없었다. 대학 강단에 서고 있던 고모부도 즉시 호출을 받고 호주로 건너갔다.

순식간에 가족 사업이 된 스시롤 매장은 그야말로 대박이 터졌다. 매일 벌어들인 수입을 다 정산하기도 힘들어 비닐봉지에 싸서 퇴근할 정도였다니 더이상 설명이 필요 없을 정도였다. 사업이 번창하면서, 시드니 대학을 졸업한 연진이도 가족 사업에 뛰어들었다. 경영 전공으로 좋은 성적까지 받아 다른 회사 취직 기회가 많았지만, 엄마가 일궈낸 사업을 더 전문적으로 이끌어보고 싶었다. 연진이는 고모처럼 아르바이트로 스시롤을 말기 시작했고, 이제는 매장 10여 개를 갖춘 프랜차이즈 대표로 우뚝 섰다. 가슴이 뜨겁게 벅차올랐.

'인생 역전'처럼 행운으로만 가득해 보이는 고모의 이민 이야기를 듣고 나니, '우리도 이민할까' 잠시 희망 회로를 돌려 보았다. 하지만 고모 가족의 성공은 결코 행운으로만 이룰 수 없는 여정이었다. 누구나 이민만 가면 성공할 수 있다고 하면, 한국 땅에 남아 있을 이들이 얼마나 되겠나. 입시로 대표되는 경쟁에 아이들을 몰아넣을 수밖에 없는 우리 교육 현실을 생각하면, 벌써 이민 가방을 싸고 있어야 한다. 하지만 일단은 여행으로 버텨보자고, 고모부의 이야기와 함께 꾹꾹 마음을 눌러 담아본다.

"희진아~ 지금이야 이렇게 좋은 식당에서, 편하게 맛있는 요리 먹으면서 지난 이야기를 할 수 있지. 하지만 처음에는 정말 힘들었다. 아이가 셋이라고 집주인들이 세를 주지 않지, 직원들에게 일을 시키는데 우리 생각대로 안 된다. 갑자기 출근을 안 하는 직원이 있으면, 우리가 쉬지 못하고 일하는 거야. 그러다 병이 나기도 하고, 말도 말아라. 네 고모가 정말 고생 많이 하셨다."

## 롱블랙과 플랫 화이트

　이제 슬슬 한국으로 돌아갈 시간이다. 남편과 아이들이 여행지에 가면 늘 챙기는 것이 바로 다른 곳, 특히 한국에서는 먹지 못하는 그 지역만의 음식이다. 호주에서는 무얼 먹어야 하나 싶었는데, 딱히 떠오르는 게 없다. 누군가는 스테이크 전문점 이름을 떠올리며 스테이크를 먹으라고 했지만, 스테이크는 그저 스테이크일 뿐 아니던가. 호주 소고기가 정말 정말 저렴하고 맛있다고 해도 말이다. 육류 자체가 맛있으니, 특별한 요리법이 필요 없었을지 모른다.

　여러 나라 메뉴를 수준급으로 다루는 식당들이 많지만, 이것이 바로 '호주 요리'라고 할 대표 메뉴는 모르겠다. 캥거루 고기를 맛볼 수도 있다고 하는데, 뭔가 썩 내키지 않았다. 아프리카 잠비아에서 마주한 악어고기 요리와 비슷한 거부감이 느껴졌다. 울루루에서 이야기만 들은 '부시 터커(bush tucker)'라는 원주민들의 음식도 있지만, 이 또한 호주를 상징하는 음식이라고 하기는 무리가 있다. 미트 파이나 피시 앤 칩스는 영국 요리에 가깝다.

그나마 떠오르는 건 '베지마이트'! 베지마이트를 호주 요리라고 하기는 뭐하지만, 그래도 호주에서 맛볼 수 있는 특별한 먹거리류이기는 하다. 효모 추출물로 만든 짭짜름한 소스인데, 빵에 펴 발라 먹는다. 절대적으로 맛은 없는데, 일단 발라 먹다 보면 왠지 건강해지는 느낌이 팍팍 든다. 아마 외국인들이 우리 된장을 처음 맛봤을 때도 비슷한 느낌을 받을 수도 있을 것 같다. 물론 객관적으로 봐도 된장이 베지마이트보다 훨씬 맛있다고 본다.

베지마이트 말고도 호주에서만 만날 수 있는 메뉴, 아니 브랜드도 있다. 호주 도심에서는 어렵지 않게 '헝그리 잭스(Hungry Jack's)' 매장을 만날 수 있다. 꽤 많은 손님이 들락거리는 모습을 보고 따라 들어가면 깜짝 놀라게 된다. 우리가 잘 알고 있는 버거킹과 사실 같은 브랜드다. 미국의 버거킹이 호주에 진출하려 할 때, 이미 호주에 버거킹이라는 브랜드가 자리를 잡고 있었기 때문에, 버거킹 호주 사업권을 따낸 잭 코윈(Jack Cowin)이라는 사업가가 자신의 이름을 따 별도 브랜드명을 만들었다고 한다. 어떻게 보면 참 유치한 이름인데, 또 은근히 재미난 이름이라 기억에 남는다. 지금은 호주에서도 버거킹이라는 이름을 쓸 수 있다는데, 그래도 그냥 헝그리 잭스를 유지하는 걸 보면, 다들 비슷한 생각인가 보다.

오히려 호주에서 나를 사로잡은 건 먹거리보다 마실 거리였다.

시드니 공항에 도착한 첫날, 입국심사를 마치고 나오자마자 공항 안 커피숍을 찾아 헤맸다. 오랜 비행 끝에 만나는 커피는 언제나 최고다. 밤낮 가리지 않고 커피를 즐기는 남편과 나는 해외에 가면 그 나라의 커피를 꼭 마셔보는데, 나라마다 비슷한 듯 조금씩 다른 커피를 맛보는 것도 여행의 즐거움 가운데 하나다. 특히 라테를 좋아하는 나는 언젠가 가족 모두가 오롯이 커피에 집중한 이탈리아 여행을 가보는 로망까지 간직하고 있다.

커피의 유래가 튀르키예라고 말하는 사람도 있고 아프리카라고 말하는 사람들도 있지만, 커피 브랜드의 영향인지 내게는 아무래도 미국과 이탈리아식이 익숙하긴 하다. **물론 강릉에 살고 있는 내게는 '강릉 커피'도 빠질 수 없기는 하다.**

그러면 호주는 어떨까?

아메리카노와 라테를 주문하려 했다. 카페 직원 머리 위에 붙어있는 커다란 메뉴판을 여러 번 훑어봤지만, 아메리카노도 라테도 보이지 않는다.

'아!! 맞다!!' 얼마 전 텔레비전에서 호주 워킹홀리데이를 경험하는 프로그램을 본 기억이 떠올랐다. 카페에서 음료 제조 방법을 배운 뒤 실습하는데, 많은 손님이 플랫 화이트를 주문하고 있었다. 라테 대신 호주에는 플랫 화이트가 있다고 했던 게 생각났다. 난 자신 있게 주문했다. "뜨거운 아메리카노 한 잔이랑 플랫 화이트 부탁해요~" 카페 직원은 날 한번 진하게 쳐다보더니 물었다.
**"어느 나라에서 오셨어요?"**

　호주에 도착해 사실상 처음 쓴 영어 발음이 이상했나? 하긴 아무리 영어를 유창하게 해도 한국인이 쓰는 영어는 한국식 영어로 들린다는 이야기가 있었지. 흠흠, 목소리를 가다듬고 최대한 또박또박 답했다. "한국에서 왔어요. 플랫 화이트가 라테 아닌가요?"
　카페 직원은 덤덤한 표정으로 다시 이야기했다.
　"한국에서는 아메리카노라고 하지만, 호주에는 아메리카노가 없어요. 혹시 '롱블랙(long black)'을 원하시나요?"

　아뿔싸! 텔레비전에서 플랫 화이트와 함께 롱블랙도 나왔지, 습관이 무섭다고 자연스럽게 아메리카노를 주문한 것이다. 그나마 내 영어 자체가 문제는 아니었다는 데 안도했다. 롱블랙과 플랫 화이트로 정정해 다시 주문하자, 그제야 직원이 미소를 보인다. 내 '강릉 커피부심'만큼이나 강렬한 직원의 '호주 커피부심'이었다.
　"괜찮아요. 다만 호주를 여행하는 내내 아메리카노는 볼 수 없을 테니 알아두세요. 8불 50센트예요."
　"감사합니다."

　특별한 커피문화를 자랑하는 호주에는 아메리카노가 없다.
　전 세계에서 유일하게 스타벅스가 망했다(?)는 소문이 있는 나라가 바로 호주다. 물론 실제로 망한 정도는 아니었고, 스타벅스 찾기가 쉽지는 않았다. 몇 년 전만 해도 커피 도시라는 강릉에 스타벅스가 없었는데, 뭔가 묘하게 비슷한 느낌이다.

   대체 호주인들의 '커피부심'은 어디서 비롯된 걸까?

   세계 2차 대전이 끝나고 이탈리아인과 그리스인이 멜버른으로 이민을 많이 왔고, 자연스럽게 커피문화가 자리 잡았다. 에스프레소 기반의 이탈리아 커피문화와 가루를 가라앉혀 마셔야 하는 그리스 커피문화가 만났으니, 시너지가 상당했으리라 짐작된다. 특히, 가족 소유의 독립적인 커피전문점 위주로 발전이 이어졌다고 하는데, 아직도 일반 주택가에서도 수준급의 커피를 판매하는 소규모 카페들이 즐비한 이유도 여기서 발견할 수 있다. 90% 이상의 호주 카페는 개인 사업자가 자신만의 스타일대로 운영한다.

   호주에서 바리스타는 고객과 소통하며 커피를 내리는 사람으로 바텐더와 비슷하다. 커피를 마시며 바리스타와 자연스럽게 대화를 주고받을 수 있는 장점이 있다. 그래서 자주 가는 단골 카페가 생기면 자연스레 손님이 원하는 원두, 우유, 추출량을 기호에 따라 제공하기 때문에 맞춤 커피를 제공받을 수 있다. 의상으로 말하면 오트 쿠튀르(Haute Couture)와 같은 고급스럽고 특별한 작품이랄까.

   그러면 호주에서는 아메리카노가 롱블랙이고, 카페라테는 플랫화이트가 맞을까. 그렇게 주문하면 될까. 반은 맞고 반은 틀리다.

   커피를 좋아하지만 크게 예민하지 않은 내게는 그 정도면 충분하다. 서로 구분하기가 어렵다. 까다로운 입맛을 자랑하는 남편조차도 "조금 다르긴 한데, 큰 차이는 모르겠다"라고 할 정도다. 말은 그렇게 했지만, 남편 표정은 "그냥 똑같네"와 같은 의미를 담고 있었다.

아메리카노와 롱블랙의 차이는 제조 순서 정도일 것 같다. 아메리카노는 에스프레소에 뜨거운 물을 추가하지만, 롱블랙은 뜨거운 물에 에스프레소를 부어 넣는다. 이상하다. 생각을 더듬어 보니 한국 카페에서도 뜨거운 물에 에스프레소를 부어준 것 같은데, 나는 롱블랙을 마시고 있었던 걸까. 롱블랙 제조 순서는 크레마가 그대로 남아, 풍미를 더 강하게 느낄 수 있는 장점이 있다고 한다. 물론 나는 그 차이를 못 느낀다. 아메리카노보다 조금 진한 느낌 정도인데, 정말 차이를 모르겠다. 이미 아메리카노라 생각하고 롱블랙에 익숙해진 탓일까.

그래도 카페라테와 플랫 화이트는 차이가 느껴졌다. 호주에서 시작된 커피인 플랫 화이트는 대부분 '차이나 컵'이라고 불리는 컵에 나온다. 에스프레소 원샷에 우유, 그리고 0.5cm 정도의 거품을 만드는 커피로, 라테보다 좀 더 적은 우유가 들어간다. 사실 거품을 내지 않는 경우도 많다. 뉴질랜드에서 시작된 커피 메뉴이지만, 호주에서도 인기가 많다. 카푸치노를 주문받은 한 바리스타가 풍성한 거품을 내지 못하고 실패했는데, 버리기 아까워 마셔보니 맛이 나쁘지 않았다. 여전히 부드러우면서도 에스프레소의 질감이 더 진하게 묻어났다. 그렇게 몇 차례 테스트를 거쳐 탄생한 메뉴가 플랫 화이트다.

여행하며 미처 알지 못했지만, 특별히 요청하면 만들어주는 커피 메뉴도 다양하다고 한다. '피콜로 라테'가 대표적인데, 라테의 작은 버전쯤 된다. 라테에 쓰는 컵의 2/3 정도 되는 크기의 피콜로 라테 전용 컵에 만들어내는 메뉴인데, 컵이 작다 보니 에스프레소의 강렬함을 더 잘 살리는 메뉴라고 할 수 있다. 아쉽게도 카페 메뉴판에 잘 소개되지 않고 있어, 호주에서 직접 마셔보지는 못했다. 대체 왜 메뉴판에 적어놓지 않는 걸까.

특별한 대표 음식이 없다 보니 무언가 아쉽기도 했지만, 덕분에 다른 부분에 집중할 수 있었다고 위안을 삼아 본다. 특별하지 않은 메뉴에서 찾는 특별함도 은근히 재미난 경험이었다.

아, 호주 대표 음식은 아니지만, 호주에서 발견할 수 있는 특별한 마실 거리가 또 있다. 바로 숙소에 비치된 무료 우유다. 커피나 홍차에 우유를 넣어 마시라는 건데, 생수 대신 우유라니 당황스러울 수도 있다. **좀 당황스러우면 또 어떤가, 이게 바로 여행이다.**

공짜 물 대신 공짜 우유라니!!!

아무튼 덕분에 우유를 좋아하는 둘째 아이는 아침마다 일어나 마트를 가지 않아도 집에서처럼 모닝 우유를 마실 수 있어 참 좋았다.

## 최저 시급을 알면 그 나라의 물가가 보인다

호주를 여행하면서 만만치 않은 물가를 경험했다.

어쩌면 덕분에 혹시 어디엔가 숨어있을 수 있는 호주의 특별한 요리를 즐기지 못한 걸 수도 있다. 호주라고 해서 호주 요리만 훌륭한 게 아니기 때문이다. 한국을 여행하는 외국인들이 다양한 한식을 즐기고 싶은 건 당연하지만, 한국에서 활동하는 유명 요리사들이 꼭 한식 요리사만 있는 건 아니지 않나. 물론 굳이 한국까지 가서 이탈리아 음식을 먹는다면, 그 수준이 상상 이상으로 높아야 할 거고, 그러면 또 분명 음식값이 비쌀 테다.

음식 이야기를 다시 하려는 건 아니니, 다시 물가 이야기다. 호주의 물가는 예상을 훨씬 웃돌았는데, 특히 외식 물가가 엄청났다. 슈퍼마켓에서 파는 500ml 물 한 병이 $3~$4(호주달러)가 기본이다. 노점 아이스크림도 $5(호주달러)를 훌쩍 넘었다. 이러니 레스토랑에서 주문하는 음식값이 비싸지 않으면 오히려 이상한 일이다. 샌드위치나 간단한 핫도그를 판매하는 간편식도 기본 $10(호주달러)는 기본이고 좌석에 앉아서 먹는 식당의 경우 1인 기본 $20(호주달러)가 넘는 메뉴가 대부분이었다. 물론 커피 값만큼은 한국보다 훨씬 훨씬 훨씬 저렴했다.

　멜버른에서 이동하는 길이 계획보다 지체됐다. 배는 고프고 간단하게 먹을 수 있는 식당을 찾다가, 포장 중국음식점을 발견했다. 지구상 어디를 가도 있다는 중국음식점은 동네 외식 물가의 지표가 아니던가. 때로는 맥도날드 빅맥지수보다 더 정확하다는 게 내 생각이다. 빅맥보다 더 저렴하게 한 끼를 해결할 수 있고, 평균 이상 맛을 보장하는 포장 중국음식점이 반가웠다. 그런데 비싸다. 매장에서 먹을 수도 있어서 그랬을지도 모르겠다. 아무튼 기본 소고기 국수가 $17(호주달러), 생수는 별도다. 저렴하게 한 끼 해치우려던 계획이 10만 원 가까운 금액 지출로 마무리됐다.

　아이슬란드 여행 때는 물가 이야기를 하도 많이 들어서, 아예 마음의 준비를 하고 갔다. 외식을 최소화하고 대형마트에서 산 식료품으로 점심 도시락을 쌌다. 숙소는 직접 조리할 수 있는 곳으로 잡았다. 하지만 아이슬란드를 무사히 넘긴 탓에, 호주 여행은 방심하고 말았다. 사실 요즘 한국 물가를 생각하면, 큰 차이가 없을 수도 있다. 하지만 한국에서도 끼니마다 외식한다고 생각해 보자. 게다가 먹성 좋은 남편과 환브로다.

　다행히 마트 물가는 저렴하다. 울루루라는 유명 관광지, 식재료를 사실상 독점하고 있는 마트조차 바가지가 없었다. 다른 나라와 물리적 거리가 꽤 있는 지리적 특성을 생각하면 식재료 값도 꽤 비쌀 것 같지만, 그렇지 않았다. 아마 세계에서 여섯 번째로 넓은 면적 때문일 거다. 다양한 기후를 지니고 있으니, 국내에서 자체 생산하는 식재료가 풍부하다.

특히, 소고기는 채소와 과일만큼이나 저렴하고, 우유나 달걀 등 유제품도 품질과 가격 모두 훌륭했다. 바나나, 파인애플 그리고 아보카도까지 모두 호주산이라는 게 놀랍기도 하고 부러운 일이었다.

식재료가 저렴함에도 불구하고 외식 물가가 비싼 이유가 궁금했다. 전문가 연진이는 큰 고민 없이 "언니, 식당에서 일하는 사람들이 있잖아. 인건비가 비싸니까 외식 물가가 비쌀 수밖에 없어"라고 답을 들려줬다. 호주의 최저 시급은 $21.38(호주달러)로 우리 돈으로 치면 2만 원에 가깝다. 정규직 노동자 기준인데, 우리와 달리 비정규직이 더 시급이 높다고 한다. 정규직에 있는 '고용 안정성'만큼 비정규직 임금을 더 높게 쳐주는 거다. 어쩌면 당연한 일이다. 주말이나 야간은 1.5배로 세계 최고 수준이라고 한다.

호주에서 가장 저렴했던 식재료, 소고기

연진이도 직원 고용에 부담이 상당하다고는 했다. 하지만 그래도 **노동의 가치를 제대로 인정해 주는 문화 덕분에, 낯선 이국땅에서 살아남을 수 있었다는 연진이의 미소가 아름답다.** 정부의 지원과 고용 정책도 만족스러운 표정이다. 마찬가지로 인건비 탓에 힘들다는 우리나라 고용주들 목소리와는 무언가 차이가 느껴졌다. 모두가 만족하는 호주의 진짜 비결은 무얼까. 일단은 그저 부러울 뿐이다.

여전히 호주는 대학생들의 '워킹 홀리데이'의 인기 여행지다.

한국에서 아르바이트로 돈을 모아 호주 여행을 하는 것보다 '가성비'가 훌륭하기 때문이다. 하지만 우리 같은 가족 여행자 처지에서 최저 시급이 높은 나라를 방문하는 건 부담이다. 주머니 사정이 녹록지 않으니, 이러저러한 제약이 생길 수밖에 없다. 그렇다고 여행을 포기할 수도 없는 노릇, 결국 여행지 물가를 미리 고려해야 한다. 아이슬란드 여행처럼 미리 충분히 대비해야 한다. 뜻이 있는 곳에 길이 있다. 우리 여행을 위해 여행지 경제정책을 바꿔 달라고 요구할 수는 없으니까.

시드니에서 마지막 만찬으로 즐겼던 코스요리는 1인 $160(호주달러)

## 운전대가 반대라고요?

해외여행을 할 때 가장 신경 쓰이는 부분은 무얼까. 각자 상황에 따라 기준이 다르겠지만, 어쨌든 여행 경비 생각을 하지 않을 수 없다. 가족 여행을 자주 떠나는 우리를 보고, 벌이가 꽤 괜찮은 집이라 흔히들 착각한다. 부모님이 무언가 많이 물려주려나 생각하는 사람들도 많다. 나도 남편도 꽤 열심히 벌고는 있지만, 그렇다고 여유를 부릴 수 있는 정도는 아니다. 최대한 아끼고 아껴야 여행 경비를 감당할 수 있다. 마일리지 항공권을 미리미리 예약한다. 국적기를 고집하지 않고, 경유하며 공항에서 시간 보내기도 마다하지 않는다. 비즈니스석을 스쳐 지날 때는 조용히 두 눈을 감는다. 숙소는 가능하면 4인 1실, 절대 욕심을 부리지 않는다.

그리고 중요한 다른 포인트가 바로 렌터카 여행이다. 개인이나 커플 여행과 달리 4인 1조로 움직여야 하는 가족 여행은 렌터카가 경제적이다. 게다가 수동 기어 사용에 익숙하다면 가성비는 극대화된다. 버스나 열차가 잘 닿지 않는 곳을 가려 한다면 렌터카는 사실상 필수 선택지다. 택시를 이용할 수도 있겠지만, 역시 비용이 문제다.

대중교통 시간표에 얽매일 필요도 없다. 울루루에서 아름다운 여명과 황홀한 쏟아지는 별을 볼 수 있었던 것도 렌터카 여행이어서 가능했다.

그뿐인가. 목적지를 따라 이동하다가 멋진 경관을 발견하거나 잠시 쉬어가고 싶을 때 언제든 우리 마음대로 조절할 수가 있다. 특히 아이들이 어리다면 화장실 이용에 여유를 줄 수도 있다. **가족이 서로 추천하는 음악을 찾아 듣다 보면, 그 음악 하나만으로도 추억이 한 페이지 저장된다.** 그 멜로디 하나로도 여행을 다시 추억하게 된다. 누군가와 같은 추억을 공유할 수 있다는 행복은 아이들이, 또 나와 남편이 가족 여행에 절대적으로 푹 빠진 중요한 이유이다.

물론 이국땅에서 차를 빌려 탄다는 게 쉬운 일은 아니다. 평소 몰았던 익숙한 차도 아니고, 도로도 낯설고, 이정표도 만만치 않다. 결혼 전 렌터카로 미국 서부 여행을 하며 크게 당황한 일은 아직도 생생히 기억난다. LA 산타모니카 해변도로와 베벌리 힐스를 달리던 중, 렌터카 계기판에 갑자기 점검 신호가 들어온 거다. 어줍은 영어 실력으로 렌터카 회사에 전화를 걸어 도움을 요청했는데, 직원이 도착할 때까지 한참을 불안에 떨어야 했다.

그때의 트라우마 때문일까, 가족 여행에서 운전대를 잡는 건 99% 남편 몫이다. 갑작스러운 상황에 대비해 나 또한 국제면허증을 발급받아 두지만, 실제로 사용한 일은 극히 드물다. 다행히 남편은 운전에 있어 두려움이 없다. 남편 표현을 빌리자면 머리에 나침반을 심어두어서 방향감각이 좋다고 한다. 내비게이션을 종종 무시하고 운전하는데도 희한하게 예정한 곳에 잘 도착해 있곤 하니, 신기한 노릇이다.

하지만 사실은 안전운전에 대한 기여도에 있어 내가 빠지면 꽤 섭섭해진다. 운전대만 잡지 않았을 뿐, 조수석에서 해야 할 일이 너무 많다. 혹시 남편이 잘못된 방향으로 가고 있다면, 이를 바로 잡아 줘야 한다. 호주처럼 우리나라와 달리 운전석이 오른쪽인 나라는 더 불안하다. 차선 방향도 반대인데, 자기도 모르게 중앙선을 넘어서려 하거나, 아예 역주행하는 일도 있기 때문이다. 장시간 운전해야 할 때는, 혹시 모를 졸음운전에 대비해 수다와 간식을 지속적으로 공급해 줘야 하기도 하다.

이번 호주 여행에서 우리는 멜버른 2박 3일, 울루루 3박 4일 일정을 렌터카로 여행했다. 이번에도 '우핸들' 적응까지 긴장의 연속이었다. 왼쪽 조수석에 앉은 나는 운전대를 잡지 않고도, 쉴 새 없이 오른발로 허공을 눌러댔다. 있지도 않은 브레이크를 찾아 오른발이 허우적댄 거다. 습관이란 게 정말 무서운 거다.
 운전을 하루 정도 하고 나면 서서히 적응되기 시작하고, 간식도 먹으며 차창 밖 풍광을 즐길 여유가 생긴다.
 음악도 조금씩 귀에 들어와 흥얼거릴 수 있다. 욕심부리지 않고 규정 속도를 지키며 운전한다면, 운전대가 어디에 있든 어느 나라에서 운전하든지 금세 적응할 수 있다. 물론 국가마다 교통 법규에 대한 예습은 큰 도움이 된다.

울루루에서 새벽의 일출과 밤의 별을 볼 수 있었던 것도 렌터카가 있기에 가능했던 것이다.

렌터카가 없었다면 접근하기 어려웠던 숲 속의 멜버른 숙소

## 해외 렌터카 이용 시 알아두면 좋은 점

1. 렌터카를 이용한다면 탑승 인원뿐 아니라 짐의 부피도 고려해서 차를 빌려야 한다. 아무 생각 없이 짐을 늘려 갔다가는 트렁크를 안고 차에 탑승해야 할 수도 있으니 주의해야 한다.
2. 렌터카 보험은 무조건 '풀 커버'를 선택할 필요는 없다. 여행하려는 지역 도로 사정과 자신의 운전 경험 등을 고려해 적절히 가입하면 된다. 렌터카 직원이 더 좋은 보험을 권하는데, 쿨하게 무시해도 아무 문제 없다.
3. 렌터카를 인수하는 즉시 차량 스크래치나 오일 상태 등 차량 상태를 확인하고 사진을 찍어둔다. 보통 렌터카 직원이 함께 확인해 주기도 하지만, 운전자가 알아서 챙겨야 하는 일도 적지 않다.
4. 여행할 지역의 주유소나 전기 충전소를 알아두자. 여행 동선에 주유나 충전이 가능한 게 경제적인데, 자칫 동선을 크게 벗어나야 할 수도 있기 때문이다. 특히 렌터카 반납 전 연료를 완전히 채워두는 방식을 선택했다면, 반납 전 적정한 거리 주유소를 챙겨두면 좋다.

5. 주유구나 충전구 위치를 미리 확인한다. 언어가 서툰 외국에서 주유소에 들어가 당황하지 않으려면 미리미리 알아두는 것이 최선이다. 물론 차량 계기판에서도 확인할 수는 있지만, 익숙하지 않은 차종의 경우 당황하기 쉽다.

6. 머물 숙소나 여행하기로 한 목적지의 주차장 여부를 미리 확인하자. 일부 숙소는 주차 요금을 따로 받기도 한다. 국가에 따라 다르지만, 불법주정차에 대한 단속이나 범칙금 부과가 매우 엄격한 경우가 훨씬 많다.

7. 이용 방법을 숙지하자. 한국에도 회전교차로가 많이 생겼지만, 외국 정도는 아니다. 특히 영국 문화권 국가는 회전교차로가 기본이다.

8. 고속도로를 이용할 때 이용 방법과 통행료를 미리 확인하자. 국가마다 고속도로 이용 방법이 천차만별이다. 우리나라 하이패스 같은 개념이 많이 도입됐으니, 고속도로를 이용하려면 렌터카 빌릴 때 관련 내용을 문의하자. 일본처럼 고속도로 통행료가 어마어마하게 많은 곳도 있으니, 이 부분도 주의하자.

9. 일부 국가나 렌터카 업체는 렌터카 반납 시 차 내부가 깨끗하지 않다며 청소비를 부과하기도 한다. 만약 해당 사항을 안내받았다면, 반납 전 간단히 청소해 두자. 반짝반짝 광을 낼 필요는 없고, 쓰레기를 버리고 발판 매트에 묻은 흙을 털어주는 정도면 된다.

10. 교통사고가 났거나 차에 문제가 생겼다면 경찰과 렌터카 업체 등에 연락하자. 상황이 심각하다면 또 우리 대사관에 연락해 도움을 요청해도 좋다. 당장 직접적인 도움을 받지 못하더라도, 적어도 무언가 해결 방법을 안내받을 수는 있다.

## 다음 여행 땐 무엇을 빼고 넣을까?

여행을 마치고 돌아오는 비행기에서 지난 열흘간 여행을 되돌아봤다. 아주 요긴하게 잘 사용한 것도 있지만 굳이 짐만 늘렸던 필요 없던 물건도 있다. 여행할 때마다 느끼는 거지만 새로운 환경을 접하는 것이기에 예상을 벗어난 일들은 항상 일어나기 마련이다. 특히, 호주 울루루 여행을 계획하고 있다면 좋은 참고가 될 것이다.

여행 짐을 챙길 때는 최대한 간소하게 챙긴다. 더 줄여볼 수도 있었지만, 그래도 아이들과 동행하면 꼭 챙겨야 하는 기본 짐이 있다. 결국, 수화물용 25인치 트렁크 1개와 28인치 트렁크 2개를 준비했다. 25인치 트렁크에는 울루루에서 지낼 여름옷과 수영복 등을 챙겼고, 28인치 트렁크에는 봄, 가을옷과 일반용품을 챙겼다. 여행하는 목적지에 따라 트렁크를 분리해 짐을 챙기는 것도 좋은 방법이다.

여행하는 나라의 콘센트와 전압을 확인하면 좋다. 유럽의 많은 나라들이 우리나라와 똑같은 돼지코 2개의 콘센트를 사용하지만,

특이한 모양의 콘센트를 사용하는 나라도 많기 때문이다. 중상급 이상의 숙소에서는 콘센트에 꽂을 수 있는 어댑터를 무료로 대여하기도 하지만 매일 밤 충전해야 할 전자기기가 많다면(휴대전화, 카메라, 보조 배터리 등등) 미리 챙겨가면 좋다. 인천공항 면세점 편의점에서 8,800원에 판매하는 어댑터를 구매했는데 시드니 공항에 도착하니 1만 원에 판매하고 있었다. 뭐든 미리 챙기면 이득이다.

스케치북과 색연필은 여전히 추천 아이템이다. 다만 이번에는 아이들에게 그림보다 글을 써보는 '미션'을 주기도 했는데, 아이들의 글이 그렇게 재미있고 귀여울 수가 없다. 다음 여행 때는 아예 스케치북 대신 공책을 건네주고 '글 똥 누기'(글쓰기)를 제안해 볼 생각이다. 그리고 색연필 대신 필름 카메라를 하나씩 쥐여주면 어떨까? 휴대전화로 찍는 사진과는 또 다른 아이들의 감성을 발견할 수 있지 않을까?

울루루에서 요가 수련을 하며 사진을 남기고 싶어, 숙소에 있는 비치타월을 챙겨갔다. 원래 수영장 외 반출은 제한되어 있을 텐데, 요가 매트도 없고 따로 준비한 돗자리도 없어서 타월을 이용했다. 다음 여행 때는 얇고 넓은 소재의 리넨 타월을 챙겨도 좋겠다. 여행 중 날씨가 좋다면 공원이나 야외 공간에서 잠시 피크닉을 즐길 수도 있고 울루루에서처럼 요가 명상을 즐길 수도 있으니 말이다. 또 갑자기 날씨가 흐려질 땐 겉옷 대신, 더위를 피해 계곡에 발이라도 담갔을 때는 수건으로 이용할 수도 있을 것 같다.

텀블러와 도시락통도 필수다. 정말 유용하다. 지퍼백이나 비닐 팩을 사용하지 않아도 되니 친환경, 더욱 기분이 좋다. 과일이나 쿠키 등을 담아도 좋지만, 빈 통을 갖고 다니다가 식당에서 남은 음식을 담아 나와도 좋다. 텀블러도 무거운 감이 없지 않지만 더울 때는 시원한 물을 마실 수 있고 추울 때는 따뜻한 물을 가지고 다닐 수 있으니, 꼭 챙기도록 한다. 비행기를 타는 바람에 탄소를 꽤 배출할 수밖에 없는데, 이렇게라도 상쇄를 시도해 보자.

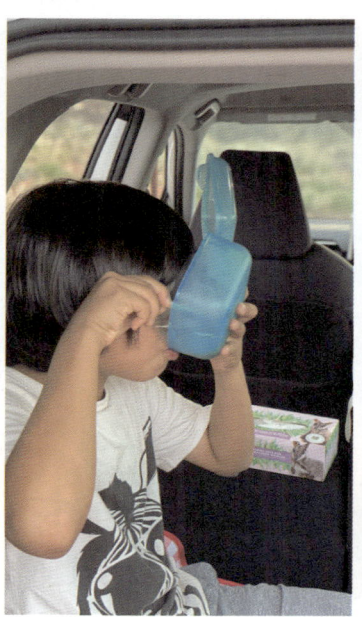

여행 시 '슬링백'은 사랑이다. 이제는 거의 나와 한 몸이나 마찬가지다. 내가 만든 '왕드레킴' 햄프 슬링백이 꼭 아니더라도 몸에 바짝 맬 수 있는 슬링백 하나씩은 챙기길 추천한다. 소매치기를 당할 확률도 낮아지고, 일반 크로스백처럼 치렁거리지 않아 좋다. 가죽 가방보다 가벼워 오래 걸을 때도 좋고, 생각보다 이것저것 필요한 물건을 많이 담을 수 있다.

호주 울루루를 여행한다면, 두 가지를 꼭 챙겨야 한다. 각종 날벌레로부터 보호받을 수 있는 그물망 모자와 벌레 퇴치 스프레이다. 특히 여름철에 방문한다면 더더욱 필수품이 된다.

아프리카 말라리아모기 퇴치용은 현지용이 제대로 기능성이었는데, 호주는 한국에서 사용하는 제품도 충분했다. 다만 국내에서 가져가는 경우 반드시 수화물용 트렁크에 넣어야 한다. 그물망 모자는 온라인 쇼핑으로 구매할 수 있지만, 근처 천냥백화점이나 DC 생활용품 마트 등에 가도 쉽게 구매할 수 있다. 우리는 집 근처 생활용품 마트에서 4,500원씩 주고 구매했다.

옷은 여행하는 나라나 도시에 따라 다르겠지만 얇은 카디건은 계절 관계없이 아주 유용하다. 추운 곳을 여행한다면 보들이(플리스)나 경량 패딩은 꼭 챙기도록 한다. 두꺼운 옷 하나를 입는 것보다 보온이 되는 얇은 옷을 겹쳐 입는 게 여행할 때는 훨씬 편리하다. 예쁜 원피스나 셔츠도 하나씩 챙기면 좋다. 간혹 입장하는 장소에 따라(예를 들면 박물관, 미술관 또는 일부 레스토랑) 복장의 규제가 있을 수 있으니, 구김이 없는 종류로 하나씩 챙겨가길 추천한다. 버리려 한 옷과 속옷, 양말 등을 챙겨가는 것도 추천한다. 한 번씩 더 입고 버리면, 트렁크가 제법 가벼워질 수 있다. 비워야 또 채워지지 않겠는가?

마사지 팩과 인스턴트커피, 티백, 달달구리 간식들은 귀국 편에 반 이상이 그대로 실려 왔다. 1일 1 마사지를 계획했으나 피곤하기도 하고 게을러 결국 몇 장 사용하지 못했다. 물론 부피가 크지 않으니, 다음에도 챙겨가야 하지 않을까? 내 피부는 소중하니까! 하지만 달달구리 간식과 커피, 티백 등은 오히려 줄여야겠다고 생각했다. 호텔에서 무료로 비치해 둔 것도 있고 다른 나라의 간식들도 먹어봐야 하니 굳이 한국에서 챙겨가지는 않아도 될 것 같다.

아이들은 항상 그렇듯 개인 가방에 읽을 책과 '일일 수학', '하루 한 장 독해'(학습지 종류)를 챙겼다. 책이 무거워 읽지 않을 거면 두고 가도 된다고 했지만, 울루루에 가면 여유 시간이 있고 이동시간도 길어 책을 가져가겠다고 했다. 하지만 이번 여행에서 책은 안타깝게도 무게만 차지하는 짐이었다.

  비행기에서는 영화를 보거나 게임을 했고 더 여유가 된다면 그림을 그렸다. 꼭 필요하다면 챙겨가야 하겠다. 하지만 '수업 시간 집중 공부'를 외치는 우리 가족이 열흘간 공부할 책을 챙기는 건 이상하다. 여행지에서 충분히 즐기고 현지 문화에 대해 배워보는 것만큼 더 큰 공부는 없으니까.

## 여행은 또 다른 여행을 부른다

'비행기를 날려버린 대사건' 덕분(?)에, 시드니 일정이 순식간에 흘러가 버렸다. 고모 가족 덕분에 짧은 일정조차도 너무나도 풍성하게 채울 수 있었지만, 그래도 아쉬운 건 아쉬운 거다. 언제 또 만날 수 있을까, 고모 가족이 벌써 그리워진다. 그때쯤이면 연진이의 두 공주님도 엄청 자라있겠지. 어쩌면 당연히 우리를 기억하지 못하겠지만, 우리는 고사리손으로 꾹꾹 눌러 내려쓴 편지를 영원히 기억할 거다.

울루루는 그대로일 테지만, 우리는 또 그만큼 자라있을 거다. **대자연은 대자연대로, 우리는 우리대로 그렇게 각자의 매력이 있다.** 멋진 숙녀가 되어 있을 진이, 율이도 벌써 다시 만날 그날이 기대된다. 그때가 언제가 될지는 아직 모르겠지만, 짧지 않을 시간 동안 쌓여갈 서로의 추억을 신나게 재잘거리며 쏟아낼 수 있기를 소망해 본다.

한국으로 돌아오는 비행기 안이 더없이 평화롭다. 좌충우돌 실수 연발 여행이었지만, 그래도 행복한 기억이 가득하다는 뜻이다. 사진 한 장, 영상 한 편이 즐겁다. 돌아오는 하늘길에서 '그레이트 배리어 리프'를 볼 수 있다는 이야기를 익히 들었지만, 열흘간 여행을 추억하다 보니 깜빡 잊고 그대로 지나쳤다. 울루루와 달리 어쩌면 조만간 사라져 버릴지도 모르는 그레이트 배리어 리프를 그렇게라도 바라보고 싶었는데, 어쩌면 빨리 호주로 돌아오라는 울루루의 영적 메시지였는지도 모른다.

호주는 사실 상상 이상으로 넓다. 누군가는 호주가 섬이라고 생각할지도 모른다. 하지만 호주는 '5대양 6대주'에 속하는 대륙이다. 남편 말로는 그린란드를 기준으로 면적이 더 넓으면 대륙으로 부르기로 했다고 한다. 반농담처럼 이야기하는데, 희한하게 진짜 그럴 것처럼 느껴지는 신묘한 남편의 화법이다. 어쨌든 호주는 그렇게 볼거리, 즐길 거리가 많다.

열흘간 시드니와 뉴캐슬(포트 스테픈스), 멜버른 근교, 울루루를 다녀왔지만, 여전히 가보지 못한 곳이 너무나도 많다. 중동과 중부/남부 아프리카 여행에만 3주를 들였는데, 호주도 그 정도는 생각해야 했나 보다. 거짓말 조금 보태, 호주에게 미안하기까지 하다. 알고 보면 시드니에서 본다이비치(Bondi Beach)도 못 갔고, 멜버른에서는 도심을 통과하기만 하지 않았나.

그레이트 배리어 리프에서 대산호초를 영접하고, 다윈에서 거대한 개미집을 만나야 한다. 퍼스에서 서부 호주의 매력을 느끼고, 크리스마스섬에 가서 붉은 게의 대이동을 가만히 바라보고 싶다. 태즈메이니아에서 피노누아를 마시며 하는 오로라 감상도 빼놓을 수 없지. 여유를 부려 남극까지 다녀올 수 있으면 좋으련만, 욕심이다. 언제가 될지 모르는 다음 호주 여행은 이 정도로도 완벽히 충분하다.

여행은 또 다른 여행을 부른다. **마음 가득 행복을 안고 돌아가는 호주 여행이지만, 여전히 더 담아낼 행복이 남아 있다.** 그래서 더 행복한 호주 여행, 다음이 또 기대되는 아름다운 기억이다.

# 에필로그
우리 가족은 학원 대신 여행 간다

다시 여행을 준비 중이라고 하면, 주변에서 많이 하는 말 중 하나가 중고생 자녀들이 가족 여행을 내키지 않아 한다는 하소연이다. 싫다고 하는데 어떻게 설득하냐고 묻는다. 그런데 이상하다. 가족이 함께 새로운 경험을 하고, 즐거운 여행을 하자고 하는데 아이들은 왜 동행을 원치 않을까? 부모가 돈과 시간을 투자해 아이들과 멋진 경험을 하고 즐거운 시간을 갖자고 하는데 왜 싫다고 하는 걸까?

갑자기 우리 아이들이 고마워진다. 어디로 가든 여행의 목적이 무엇이든 좀처럼 마다하지 않는 '환브로'였기 때문이다. 조금씩 망설임이 늘어가지만, 세상이 얼마나 넓고 멋진 곳들이 많은지 그리고 다양한 삶이 있는지 보여주고 싶은 부모의 마음을 결국은 고스란히 받아준다. 다음 여행에 대한 호기심을 담아낸 초롱초롱한 눈빛까지 더해지니 반갑기 그지없다. 결석 기간 부족한 부분이 생기지 않을까 고민하더니, 학교 일정을 확인하고 각 과목 담당 선생님을 찾아가 보충 계획을 세우는 모습으로 길을 나서기 전 일말의 망설임마저 말끔히 지워낸다.

렌터카나 기차 칸에서 이동하는 동안 아이들이 좋아하는 음악을 신청받아 함께 듣고, 요즘 아이돌에 대해 이야기를 나누고, 엄마와 아빠가 학창 시절 좋아한 곡을 추천해 준다. 함께하는 여행이 전해주는 소소한 기쁨이다. 회사 생활과 업무에 허덕여 온 부모가 아이들이 좋아하는 온라인 게임이나 보드게임을 함께할 수 있는 여유도 생긴다. **엄마, 아빠가 세상에서 가장 가까운 친구가 되는 순간이다.**

아이들이 원하는 종류의 음식을 함께 맛본다. 책에서만 본 풍광을 실제로 두 눈에 담아낸다. 그리고 그 틈에서 피어나는 아이들의 상상력에 깜짝 놀라본다. 역사적인 곳을 들른다면, 미리 자료를 찾아보고 '이쯤이야! 기본이지'라며 너스레도 떨어보자. 말수가 적은 아이들조차 입을 열고 좀 아는 부모님에 대한 신뢰는 금세 높아질 수도 있다. 레포츠나 체험 등 새로운 경험을 할 수 있는 기회가 있다면 함께 도전해 보자. 가족 구성원 모두 함께 할 수 있는 여행을 제안한다면, 아이들은 의외로 상당히 협조적인 모습을 보일 수밖에 없다. 다음 여행은 언제 어디로 가느냐고 질문이 빗발치게 된다는 부작용(?) 정도는 감내하자.

대한민국의 학생들은 대부분 초등학교 고학년이 되면서부터 중학교를 대비하기 위한 교과(국, 영, 수) 학원에 다니기 시작하고 흔히 말하는 즐거운 취미 생활인 예체능 과목 피아노, 미술, 태권도 학원 등은 학업 등의 이유로 중단한다. 부모님들은 생업과 아이들의 학원비 충당에 국내 여행은 둘째치고 해외여행을 가는 건 큰 모험이 되는 현실이다. 게다가 아이들은 커가며 부모와의 대화는 단절하고 가족 여행 대신 친구들과 게임 세상에서 시간을 보내기를 원한다.

공부는 '학교'에서 열심히 하기로 하고 대신 우리는 꾸준히 여행을 다니며 견문도 넓히고 즐겁게 살아보자고 시작한 가족 여행이 벌써 10년이 넘었다. 자녀를 키우는 많은 사람은 우리 가족의 특별한 (?) 육아·교육 방식을 부러워하기도 하고 칭찬하면서도, 우리처럼 선뜻 여행길에 오르진 못한다. 물론, 경제적인 상황 때문일 수도 있고 또 다른 방식으로 열심히 각자의 인생을 살고 있기에 무엇이 더 좋다고는 말할 수 없다. 그런데도 가족과 함께하는 '가족 여행'은 꼭 추천하고 싶다.

열흘간 여행을 마치고 인천공항에 도착한 뒤, 지환이를 집이 아닌 학교 기숙사에 내려줬다. "고생했어~ 우리 일주일 또 열심히 지내고 주말에 만나자~" 활짝 웃으며 담담히 학교로 향하는 14살 아이의 뒷모습을 보노라니, 갑자기 마음이 뜨거워졌다. **우리 아이들은 그렇게 단단하게 자라고 있다.**

우리 가족의 좌충우돌 여행기가 가족 여행을 고민하는, 그리고 마음속 버킷 리스트로 울루루를 담아 놓은 사람들에게 용기와 정보를 줄 수 있기를 바란다.

정미소는 한 세계를 깨뜨리고자 하는 모든 개인의 고백을 응원합니다.
xmasnight@daum.net

**책 제목** 우리 가족은 학원 대신 울루루 간다

2025년 8월 31일 1판 1쇄 펴냄

**글쓴이** 왕드레킴
**펴낸이** 김민섭
**펴낸곳** 정미소

**출판등록**
**주소** 서울특별시 마포구 성산동 218번지 402호
**이메일** xmasnight@daum.net

**ISBN** 979-11-985182-7-9   03960

**만든 사람들**
**편집** 이유나  **감수** 강규엽  **디자인** 김현아